네이버 카페 플랫폼비즈니스로 6개월 안에 연봉벌기

돈 시간의 자유 디지털노마드의 삶

네이버 카페 플랫폼비즈니스로 6개월 안에 연봉벌기

돈 시간의 자유 디지털노마드의 삶

초판 1쇄 발행 | 2018년 12월 10일

지은이 | 박영식
기획 · 편집 · 총괄 | 호혜정
편집 | 김수하
기획 | 홍연서
표지 · 본문 디자인 | 김민정
교정 · 교열 | 호혜정 김수하 김정빈
홍보마케팅 | 최미남 김태현

펴낸곳 | 리텍 콘텐츠
출판등록 | 제 2011-000200호
주소 | 서울시 용산구 원효로 153 원효빌딩 824호
전화 | 02-2051-0311 **팩스** | 02-6280-0371
이메일 | ritec1@naver.com
홈페이지 | http://www.ritec.co.kr
페이스북 · 블로그 · 카카오스토리채널 | [책속의 처세]
ISBN | 979-11-86151-16-7 (13320)

* 이 도서의 국립중앙도서관 출판예정도서목록(CIP)은 서지정보유통지원시스템 홈페이지(http://seoji.nl.go.kr)와 국가자료공동목록시스템 (http://www.nl.go.kr/kolisnet)에서 이용하실 수 있습니다.(CIP제어번호: CIP2018036793)

네이버 카페 플랫폼비즈니스로 6개월 안에 연봉벌기

돈 시간의 자유 디지털노마드의 삶

박영식 지음

RITEC CONTENTS

C O N T E N T S

CHAPTER 4 회원들이 몰려들게 만드는 가장 확실한 방법

CHAPTER 5 카페를 통해 최고의 기업과 제휴 맺는 노하우

서문

4차 산업혁명을 앞둔 현 시점에서 우리는 매일 온라인 광고를 접하며 살아간다.

그러면 우리가 접하는 광고만이 실제 광고일까? 아니면 우리가 광고라고 인식하지 못한 정보들도 광고일까? 소규모 사업자일수록 광고의 집행과 판로를 뚫기가 쉽지 않을 것이다.

필자가 한국에서 카카오톡(Kakao Talk)의 성공을 지켜보며, 네이버에서 근무하는 동안 라인(LINE) 메신저의 성공을 견인하며 찾은 단 하나의 답안을 이 책에 녹이려 한다.

그것은 바로 디지털노마드 마케팅은 돈으로 하는 것이 아니라 사람을 가지고 하는 것이라는 점이다.

필자의 철학은 '사람이 곧 돈이다' 이다. 그런 관점으로 카카오톡이 한국 시장에서 성공했고, 라인은 전 세계 230개국 이상에 서비스되면서 월간 2억 명이 넘는 사용자가 애용하고 있다.

필자가 대만을 방문했을 때 깜짝 놀란 사실은, 대만의 인구가 총 2천 3백만 명 정도가 되는데 대만 라인 메신저의 가입자 수는 5천만 명 가까운 숫자가 가입되어 있다는 것이다.

그렇다면 어떻게 총인구의 두 배 가까운 가입자 수가 생성될 수 있던 것일까?

그것은 바로 라인 메신저 사용자가 라인 게임 서비스를 이용하기 위해 2대 이상의 휴대폰으로 1개 이상의 계정을 생성하여 이용했기 때문이다.

실제로 라인 전체 매출의 70%가량을 게임에서 확보하고 있으며, 나머지 20%를 스티커(이모티콘)가 담당하고 있을 정도로 카카오톡뿐만 아니라 라인의 게임 매출은 상상을 초월한다.

결국 사람을 모으고, 그 사람들이 열광하는 제품을 제공할 광고 플랫폼을 가질 수 있다면 디지털노마드로서 온라인마케팅 비즈니스를 성공적으로 이끌 수 있게 되는데, 필자가 찾은 가장 파워풀한 플랫폼이 바로 네이버 카페를 이용한 비즈니스다.

일반인이 아무 준비나 정보 없이 사진을 찍어 인스타그램을 관리하고, 복잡한 페이스북 광고를 집행하는 것은 생각처럼 쉽지 않다. 또한 네이버 블로그를 키우려고 해도 운영 정책이 수시로 바뀌고 있고, 신규 블로그들의 활약이 예전처럼 활발하지 않은 시대이다. 필자는 네이버 카페가 구시대의 유물이라고 생각하는 관점의 전환을 시도해 성공했다.

한 번도 네이버 카페를 운영해 본 경험이 없는 필자도 몇 개월 만에 회원 수천 명을 넘기고, 제휴 비즈니스를 만들어 내어 실제 매출을 발생시켰으니 이 책을 통해 여러분은 필자가 했던 실수를 반복하지 말고, 성공 경험을 나누어 필자보다 더 빠른 기간 내에 원하는 목적을 네이버 카페를 통해 이룰 수 있기를 바란다.

미래 사회는 회사 출근을 위해 아침 일찍 고된 몸을 이끌고 출근길에 올라 무한 경쟁하는 시대가 아니다. 디지털과 4차 산업혁명의 시대에서 언제 어디서나 내가 하고자 하는 일을 하며 가치를 발견하는 시대란 말이다.

단 하나의 진실은 작든 크든 플랫폼을 가진 사람이 승리한다는 것이며, 플랫폼은 서로 목적이 다른 양쪽 집단의 사람을 하나의 배에 태워 각자 원하는 목적지에 가도록 만드는 것이다.

여기서 디지털노마드의 역할은 단계별로 다르지만, 궁극적으로는 서로 다른 목적을 가진 양 집단의 니즈(needs)를 플랫폼에 자연스럽게 녹일 수 있도록 최선을 다하는 것이다.

부디 이런 필자의 진심을 잘 전달받아 원하는 디지털노마드 마케팅을 성공적으로 이루기 바란다!

디지털노마드 플랫폼 마케팅 전문가
박영식

Chapter 1

일반인에서 디지털노마드 세계로

1-1

매일 네이버 카페에 갔지만, 나는 몰랐다

필자가 현재 가입한 네이버 카페만 하더라도 50개가 넘는다. 사실 이 정도의 네이버 카페 가입 숫자는 아마 지금 이 책을 읽는 독자에 비하면 많은 숫자는 아닐 것이다. 필자의 경우, 성격상 가입 후 활동하지 않는 카페는 일정 기간마다 한 번에 몰아서 정리하는 경향이 있어서 50~100개 정도의 가입 숫자를 유지할 수 있는 것이다.

이 책을 읽는 분 중 자기 자신이 얼마나 많은 네이버 카페에 가입되어 있는지 세어본 사람이 몇이나 될까? 아마 대부분은 관심분야가 생길 때마다 별다른 고민 없이 카페에 가입하고, 관심이 뜸해지면 그 카

그림 1-1

그림 1-2 네이버 카페는 정말 무궁무진한 주제의 다양한 카페들이 수백만 개 이상 존재한다.

페의 가입 사실조차 잊어버리고 지내는 경우가 허다할 것이다. 지금 한 번 내가 얼마나 많은 네이버 카페에 가입되어 있는지 확인해 보는 것도 좋은 방법이다.

이렇듯 이미 우리 일상에서 네이버 카페뿐만 아니라 블로그나 페이스북 같은 형태의 온라인 커뮤니티 서비스는 너무도 익숙해진 지 오래다. 필자가 주로 활동하던 온라인 카페를 살펴보면 크게 취미를 공유할 수 있는 네이버 카페와 최근 흥미와 관심을 가지는 주제들이 모여 있는 네이버 카페로 구분할 수 있다.

아마 다른 사람들도 이 두 가지 범주에서 크게 벗어나지는 않을 것이다. 카페의 성격에 따라 게시글을 올리는 카페도 있고, 댓글만 다는 활동을 하는 카페도 있을 것이며, 어떤 카페는 가입 후 올라오는 글이나 댓글을 눈으로 확인만 하는 카페도 있을 것이다. 물론, 가입한 뒤로 단 한 번도 방문하지 않은 카페도 수두룩하겠지만?

네이버 카페를 어떤 형태로 즐겼는지는 앞으로는 별로 중요하지 않다. 왜냐하면 필자도 온라인 카페를 본격적으로 운영하기 전까지는 그저 당신과 똑같이 다양한 카페에서 다양하게 활동했으니 말이다.

그래서 이렇게 말하고 싶다. "아는 만큼 보인다."

정말 진심으로, 필자 스스로 카페를 이렇게 성장시키는 운영자가 될 거라고는 35년 인생에서 단 한 번도 생각해 보지 않았던 사람이다. 물론 앞서 블로그를 개설하거나 간단한 동호회 형태의 폐쇄적인 네이버 카페를 만들어서 잠깐 활동한 적은 있었지만 회원 수 1천여 명이 넘는 카페를 가지게 될 것이라고는 생각해 보지 않았다.

그 이유는 바로, 생각해 볼 필요가 없었기 때문이다.

내가 왜? 굳이? 이미 수백, 수천만 개의 네이버 카페가 있는데 나까지 카페를 만들어서 운영할 필요가 있을까? 더욱 엄밀히 말하면, 애당초 네이버 카페를 만들어서 잘 운영할 용기가 없었다고 말하는 것이 맞을 것이다. 필요한 정보는 이미 다른 네이버 카페에 가득하고, 내가 답을 얻고 싶은 질문을 올리면 대답해 줄 수 있는 비슷한 고민과 취미를 가진 대한민국 5천만 국민이 이미 네이버 카페에 가득한데 왜 아무도 없는 빈 공간을 만들어야 할까. 필자는 정말 알지 못했다. 그 세계에 관심을 가지고 살펴보기 전까진 말이다.

그렇다면 반대로 한 번 살펴보자. 왜 수천만 개의 네이버 카페가 생겨났으며, 운영자들은 대체 거기서 어떤 보람을 느끼는 것일까?

일단 네이버 카페가 넘쳐나는 이유부터 살펴보자.

우리는 매일 아침부터 저녁까지 대부분 직장에서 시간을 보낸다. 정해진 공간에서 쳇바퀴처럼 돌아가며 한정된 사람들만 만난다. 사회가 변화하고 젊은 세대들의 직업관과 가치가 진보하면서 나와 다른 계열, 비슷하지만 노하우를 배우고 싶어 하는 사람들은 오프라인의 한계를 뛰어넘어 온라인으로 소통하고자 한다. 디지털노마드의 시작은 바로 이 온라인을 통한 언제 어디서든, 누구라도 소통하길 희망하는 마음에서 비롯한다고 할 수 있다.

만약 당신이 오프라인 관계보다 온라인상에서의 관계를 더 많이 발생시키고, 각각의 관계를 소중하게 생각하고 있다면 당신은 자신도 모르지만 이미 디지털노마드를 꿈꾸고 있을 확률이 높다.

우리가 어떤 목적을 가지고 다른 사람들과 소통하고자 한다면, 기본적으로 소통의 도구가 필요하다. 그런데 이 소통의 도구를 이용하는 데 있어서 필연적으로 발생하는 것이 바로 '비용'이다.

다른 이에게 내 생각을 알리기 위해서는 어떤 형태로든 주변의 도움을 받아야 하는데, 전화를 하려면 전화와 이용 요금이 필요할 것이며, 장소를 섭외하려면 대관료가 발생할 것이다. 이뿐만 아니라 가볍게 커피숍에서 만나 이야기를 하더라도 차 한잔 대접해야 하지 않을까?

디지털노마드의 장점 중 하나는 별도의 사무실을 구해 임대료를 낸다거나 오프라인으로 사람들 만나서 돈을 써야 하는 비즈니스가 발생하지 않는다는 점인데, 아직까지 이 부분을 너무 가볍게 생각하고 있다. 하지만 실제로 디지털노마드를 준비하다 보면 이런 금전적인 부분이 얼마나 많은 활동에 영향을 주는지 금세 깨달을 것이다.

비즈니스까지 개념을 깊게 파고들지 않아도 이미 그동안의 경험을 통해 다른 사람과 만나서 생각을 나누는 것에는 대가나 비용이 발생함을 무의식적으로 알고 있다.

그리고 이것을 시작으로 무의식적 해석의 오류에 빠지게 된다. 그것이 그동안 매일 네이버 카페를 이용하면서 알지 못했던 가장 중요한 사실인 것이다.

그렇다면 앞서 밝힌 무의식적 해석의 오류란 무엇일까?

만남에는 대가가 따른다고 알고 있지만, 매일 네이버 카페를 통해 수많은 사람의 글을 읽고 정보를 확인하고, 심지어는 내가 직접 글을 작성해서 사람들과 소통하기도 하는데 그동안 필자는 단 한 푼의 돈도 내 주머니에서 지급해 본 기억이 없다.

그림 1-3 무의식적으로 다른 사람과의 만남에는 대가나 비용이 발생함을 인지하고 살아간다.

그동안 네이버 카페를 바라본 일반적인 관점은 '공짜 서비스' 이용이었다. 아마 가끔 카페에서 공동구매를 한다든지 카페 내 특정 광고들을 통해 다른 서비스를 이용해 본 경험이 있을 것이다.

하지만 그 당시에는 이런 부분에 대해 깊이 생각해 본 적이 없다고 해도 그 돈은 서비스를 집행하는 쪽에 지급하는 비용이기 때문에 네이버 카페와는 큰 연관을 지어 생각하지 못했을 것이다.

무의식적 해석의 오류란?

내가 공짜로 이용한다고, 타인도 공짜로 이용할 것이라는 일반화의 오류를 일컫는다.

만약, 나는 매일 네이버 카페를 이용할 때 직접 돈을 내지는 않지만 누군가는 네이버 카페를 이용해서 돈을 벌고 있다면? 그것도 적은 액수가 아니라 수천 수억 원 단위로 돈을 벌고 있다는 사실을 알게 된다면 어떤가? 필자가 그동안 몰랐던 사실이 바로 이런 부분이다.

그럼 이제 감이 좀 오는가?

네이버 카페가 왜 이렇게 많이 개설되어 있는지, 그리고 그 엄청난 숫자만큼 많은 카페가 활동량 없이 죽은 카페로 정지되어 있는지 말이다.

그렇다면 잠깐 네이버 블로그로 이야기를 돌려보자.

네이버 블로그는 카페보다는 좀 더 양지로 나온 정보들이 많기 때문에 아마 블로그를 통해 수익을 낸다는 글이나 정보를 접한 사례가 있을 것이다.

블로그에서 제공하는 정보의 사실성을 의심할 수밖에 없는 대표적인 사례가 바로, 네이버 검색 엔진에서 광고로 판단되는 '포스팅'은 검색 시 자동 제외하는 정책을 보면 알 수 있다.

이런 네이버의 정책 변경에는 그 나름대로의 고민과 아픔이 있다. 올해로 14주년을 맞이한 네이버 블로그가 사용자들에게 혼란을 주는 낚시성 포스팅, 일반 후기를 가장한 광고성 글로 도배되어 있다는 인식이 심해졌기 때문이다. 블로그의 순수한 정보보다는 정보를 가장한

그림 1-4 네이버 블로그의 포스팅에 순수 정보 공유 의도가 묻어나지 않을 경우, 즉 포스팅의 대부분이 광고로 판단될 경우 검색 기준에 의해 자동 검색 제외될 수 있다.

광고 위주로 채워진 블로그들이 파워블로그 배지를 달고 네이버 검색 상단에 도배되는 등 최초 서비스의 취지와 의도를 잃어버렸다는 사용자들의 불만이 매년 늘고 있다.

사정이 이렇다 보니 공정거래위원회에서는 2014년도에 '추천, 보증 등에 관한 표시, 광고 심사지침'을 개정하고 깨끗한 온라인 광고를 권고했지만, 최근까지도 여전히 상업성을 띤 블로그가 일반 블로그로 가장해 정보의 혼란을 부추기고 있다는 지적을 받았다.

이에 따라 네이버는 파워블로그가 상업적인 목적성을 가지고 무분별한 블로그 광고를 진행하고 있다는 판단하에 검색 상위권에 노출해주던 '파워블로그' 선정 제도를 폐지한 것과 더불어, 앞서 밝힌 블로그 검색 알고리즘 개편을 통해 지속적으로 양질의 콘텐츠를 제공하겠다는 입장이다.

실제로 필자가 만나본 파워블로거는 광고문의 외에도 블로그 판매를 유혹하는 제안을 많이 받는다고 이야기하기도 하였다. 결국 그 블로거는 수천만 원을 받고 해당 블로그를 팔았지만, 또다시 블로그를 개설해 단기간에 일일 방문자 수 수천 명을 달성하고 광고 수익을 목적으로 운영 중이다.

*** 공정거래위원회는 2014년 6월 광고주로부터 대가를 받고, 블로그 등에 특정 상품의 추천 혹은 후기글을 올리는 경우 현금, 상품권 등을 받았는지 여부를 표준문구에 따라 사실을 공개하도록 심사지침을 개정했다.**

누구나 한 번쯤은 사용해 봤을 페이스북은 어떨까?

페이스북에서 친구들과 SNS 활동을 펼치는 데 돈이 들어갔던 경험이 있는지 묻는다면 앞서 살펴본 이야기가 떠오를 것이다. 페이스북 역시도 친구들과 소통하는 데 있어서 아무런 비용이 들지 않기 때문이다. 그렇다면 페이스북에서는 돈을 버는 사람들이 없을까? 이 질문에 이제는 답할 수 있어야 한다. 그건 바로 NO!

페이스북을 통해서도 돈을 버는 사람들이 존재한다. 이미 페이스북 페이지의 좋아요와 구독자 숫자는 하나의 권력이 됐으며, 이런 좋아요(LIKE)를 인위적으로 만들어 내는 업체와 그런 업체를 통해 페이지 구독자 수를 늘려서, 페이지를 판매하는 행위는 우리 주변에 너무도 많

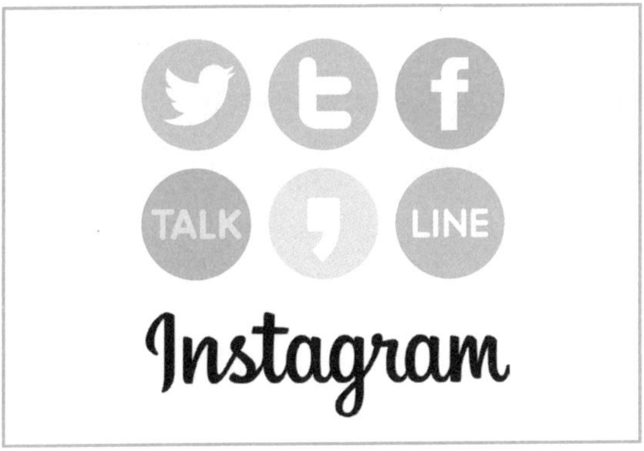

그림 1-5 인스타그램, 페이스북 등 SNS들이 많은 방문자(구독자)를 기반으로 마케팅이 이뤄지고 있다.

이 퍼져 있다.

그렇다면 인스타그램은? 유튜브는? 그동안 몰랐던 비즈니스 & 마케팅 세계가 있다는 것을 확인하는 것이 첫 번째다.

다시 네이버 카페로 넘어오면 카페 역시도 매매가 이뤄지고 있고 그 안에서 수많은 마케팅과 비즈니스가 발생하고 있다. 다만, 우리의 눈에 보이지 않을 뿐이다.

디지털노마드의 삶이란 눈에 보이지 않는 가치를 발견하고, 그 가치를 언제 어디서나 온라인상에서 고객과 연결해 줄 수 있는 능력을 가질 때 성공할 수 있다.

만약 디지털노마드를 꿈꾸고 있다면 눈에 보이지 않는 것을 찾아내고 만들어 낼 줄 아는 능력을 키워야 한다. 지금부터 필자가 몰라서 하지 못했던, 하지만 지금은 이미 하고 있는, 이 책을 읽는 사람들이 앞으로 하게 될 디지털노마드의 세계 중 가장 성공 확률이 높은 온라인 카페 비즈니스 이야기를 함께 시작해 보자.

1-2

소비자에서 디지털노마드 매니저로 전직!

카페 커뮤니티나 개인 블로그를 처음 접했을 당시 필자는 그저 소비자였다. 소비자란 무엇인가? 단순히 사업자가 제공하는 상품과 서비스를 소비생활을 위하여 구입하거나 사용하는 사람을 말한다. 필자는 지금껏 단순히 제공되는 서비스와 상품 등을 이용했을 뿐, 그 이후의 것과는 별개의 사람이었다.

그런 필자가 유심히 카페 커뮤니티를 살핀 후 알게 된 점은 카페 커뮤니티로도 수익 창출이 가능하다는 점. 바로 그것이었다. 활성화된 카페 커뮤니티에는 알게 모르게 제휴나 광고 제의가 많이 들어온다. 조금이라도 유명한 카페 커뮤니티다 싶으면 어김없이 붙어 있는 배너들을 보면 대략적인 파악이 가능하다.

초기 햇병아리 시절의 필자는 그런 것에는 무지했다. 아니, 아무 관

그림 1-6

심이 없었던 것이 사실이다. 현재 디지털노마드로서 내 공간에서 회사를 경영하고 있지만, 가장 초기의 카페 커뮤니티는 마케팅으로서의 역할을 전혀 하지 못한다고, 기대하지 않았다는 것이 맞을 것이다.

그러나 현재 인터넷은 정보의 홍수다. 검색어 한마디만 입력해도 다양한 정보들이 쏟아진다. 그 정보 속에서 대개의 사람은 본인의 관심사나 지역에 따라 수많은 커뮤니티에 가입하고 탈퇴하기를 반복한다. 하지만, 그 원론적인 면에는 다가서지 못한다. 진짜 정보와 가짜 정보도 구별하지 못하는 것이 사실이다.

앞서 말했다시피 단순히 소비자로서의 역할만 하고 있기 때문이다. 하지만 조금이라도 수익성을 눈치챌 수 있는 사람이라면 카페 커뮤니티가 얼마나 무궁무진한 수익원인지를 알 수 있다. 이 점을 인지한 필자는 '나도 카페를 한번 개설해서 운영해 보고 싶다'라는 생각을 하게 되었고, 개설된 지역카페 커뮤니티 목록을 쭉 훑어보았다. 채 100명도 못 넘기고 운영되지 않는 지역카페 등 많은 카페 리스트 중에서도 독보적인 카페 커뮤니티들을 보며 벤치마킹하기 시작했다.

현재 주제별 카페는 800만 개, 지역별 카페는 250만 개 정도 개설되어 있는 상태다. 그 중 개설하고자 하는 카페의 기본 주제는 교육이었고, 추후 전국적인 학부모 카페 커뮤니티를 만드는 것이 목적이었다.

교육 카페 커뮤니티와 지역 맘카페 커뮤니티를 융합하여 준비를 시작하였고, 2017년 1월 1일 카페가 개설되었다. 주제에 맞게 교육정보

그림 1-7

에 관한 글도 올리고 게시판도 준비하여 올리기 시작했지만 초기 카페 커뮤니티 운영은 생각만큼 쉽지 않았다. 무엇보다 초기 회원 모집이 가장 어려웠다.

단순히 상업성을 떠나 친목 카페를 운영한다 해도 마찬가지인 상황이다. 카페 커뮤니티는 자체로 크게 말하면 마케팅, 작게 말하면 인터넷 마케팅의 축소판이라고 보는 것이 좋겠다. 카페 커뮤니티가 커지려면 홍보 및 마케팅이 필요한 것은 당연지사다.

이런 마케팅으로 사람이 하나둘 가입하게 되고, 그 자체로 자산이 되며, 또 다른 제휴 및 광고 같은 마케팅의 자산이 된다. 그래서 카페 커뮤니티나 블로그를 이용한 입소문(바이럴) 마케팅이 성행 중이며, 현재도 가장 크게 작용하고 있는 이유다.

사람들은 실제 이용담이나 정보를 제공해 주는 것에 관심을 가지며 대리만족을 하곤 한다. 마치 그 물건을 사용해 보지 않더라도 그 물건의 사용기로도 만족감을 주고, 구매까지 이어지는 것이다.

정보도 마찬가지다. 자기와 비슷한 고민을 가진 사람들의 모임에서 본인의 생활 및 가족에게도 도움이 될 만한 정보들이 올라온다면 자주 찾게 되고 물건이라면 구매 또는 의사결정에 도움이 되는 것이다.

현재 N사의 카페 커뮤니티에는 주제 및 지역별 통틀어 1,000만 개 가까이의 카페 커뮤니티가 있다. 많은 사람이 쉽게 카페를 개설하고 쉽게 폐쇄한다. 채 100명도 되지 못하는 카페들이 수두룩하다. 특히나 대형포털의 카페들은 접근성이 쉬워 쉽게 만들 수는 있으나 꾸준히 찾게 만들기는 어려운 편이다.

따라서 카페 커뮤니티를 개설하거나 활성화해 제휴 및 광고 수익을 창출하고자 하는 디지털노마드들은 타겟팅한 계층에 맞는 적절한 주제와 그 주제들을 피력할 수 있는 방안을 모색해야 한다.

카페는 개설함과 동시에 일반적인 소비자에서 디지털노마드 매니저로서의 전직이다. 단순한 친목 카페 커뮤니티라 하더라도 운영이라는 것은 사업과도 같다. 개설 초기 어떤 주제(사업 아이템)의 커뮤니티를 개설할지 정하고, 스탭(직원)은 어떻게 둘지 및 향후 운영방안에 대해 검토하는 점 등이 매우 흡사하다. 단순히 개인 블로그가 아니다.

개인 블로그가 자기만의 집이라면, 카페 커뮤니티는 마을이라고 보는 게 좋겠다. 주제는 그 어떠한 것으로도 상관없지만 콘텐츠도 운영도 매니저 독선만으로는 안 되며 기업을 운영하는 마음가짐으로 임하는 것이 좋다.

디지털노마드를 왜 꿈꾸게 되었는가? 직장을 다니는 사람이라면 회사의 구조가 마음에 들지 않을 수 있고, 현재의 삶이 재미없고, 빡빡하고, 똑같기 때문에 자신만의 삶의 방식을 지키면서 내 삶의 주인이 되고 싶어서 아닌가?

필자 역시 대한민국에서 이름만 대면 모르는 사람이 없을 네이버 라인에 입사할 당시만 해도 그곳에 소속되기만 하면 자동으로 행복해질 거라 생각했다. 높은 연봉, 사회적 지위, 글로벌한 성공을 견인한다는 프라이드는 네이버라는 곳이 주는 큰 행복임에 틀림없고 지금도 많은 동료와 선후배가 그곳에서 행복을 누리고 있다. 그런데 필자는 왜 그곳에서 행복하지 못했을까?

겉으로는 젊고 자유로운 기업 문화를 가지고 있지만 실제 업무 처리 방식은 군대 문화에 가까웠고, 상명하복식의 업무처리 방식은 실무자들로 하여금 자율권을 보장받지 못하는 업무 프로세스를 가지고 있었다. 재미있는 일은 최근 젊은 기업들이 너도나도 자율출근제를 시행하고 있는데, 라인도 마찬가지로 자율출근제를 시행하고 있었다. 그러나 제도만 있을 뿐 실제로 눈치 보지 않고 자유롭게 출근하는 사람들은 소수에 불과했으며, 직급 간의 벽을 허물겠다고 도입한 호칭 생략(○○대리님 대신 이름 뒤에 님을 붙인다. 가령 "영식님"처럼) 후 책임을 실무자가 지는 이상 현상까지 발생하는 등 부작용도 많이 발생했다.

필자는 이런 상황에서 장기적으로 디지털노마드가 되기 위한 준비를 시작하게 되었고, 네이버 퇴사 후 3년여가 지난 지금 디지털노마드로서 자유로운 삶을 살고 있다. 당신도 이 책에 나오는 내용대로 잘 실행한다면, 머지않아 디지털노마드로서 언제 어디서든 원하는 업무를 통해 가치를 발생시키고 수익으로 연결하는 삶을 살게 될 것이다.

아무튼, 매니저는 카페의 주인이자 동시에 하인이기도 하다.

만약 지금 매니저가 되고 싶은 사람이라면, 이 말을 꼭 기억하길 바란다. 매니저는 회원들이 있을 때 의미 있는 주인이 될 수 있음을 말이다. 지금 당장 카페를 개설하고 싶은가? 그렇다면 텅 비어 있는 카페 메뉴에 1명뿐인 공간을 견뎌낼 마음의 각오를 단단히 하고 시작하길 바란다.

실제로 이미 대형 커뮤니티로 자리 잡은 한 카페의 매니저는 필자와의 인터뷰를 통해 매니저의 삶을 이렇게 밝히고 있다. 처음에는 무턱대고 만들어보는 것부터 시작했지만, 실제로 한 달 넘도록 회원 수 50명을 넘기지 못하고 지쳐서 포기한 카페가 10개가 넘는다며 시작한 이야기에서 많은 정보를 얻을 수 있었다.

카페를 관리할 때는 아침에 눈을 뜨면 네이버 카페에 접속하는 것으로 하루를 시작한다고 밝힌 대한민국 대표 키덜트(키즈 + 어덜트의 합성어로 피규어, 프라모델 등을 뜻한다) 카페인 '모두의 건프라'(2017년 대표 인기

그림 1-8 **네이버 대표 취미 카페, 모두의 건프라**

카페, 회원 수 8만1천 명) 전 매니저는 함께 카페를 관리하는 카페 스탭들이 10명 가까이 된다며, 카페 스탭의 중요성을 재차 강조하였다.

그 역시 지금 디지털노마더가 되어 자유롭게 살고 있다. 모두의 건프라 카페를 운영하면서 깨달은 부분이 바로 카페 '컨셉'이 사람들에게 제대로 전달되지 못했다는 점인데, 그동안 카페를 만들면서 아무런 사전 조사도 하지 않고 즉흥적으로 생각나는 대로 카페를 개설하고 혼자 메뉴를 구성하고 사람들이 가입하기만을 기다렸다는 점이다.

실제로 옛날 카페 초창기 자료를 살펴보면 매니저가 만든 카페들의 평균 게시판 수는 약 15~20개로 초기 카페의 구성에 비해 상당히 많았음을 알 수 있다. 처음 시작 시 얼마나 많은 아이디어를 즉흥적으로 게

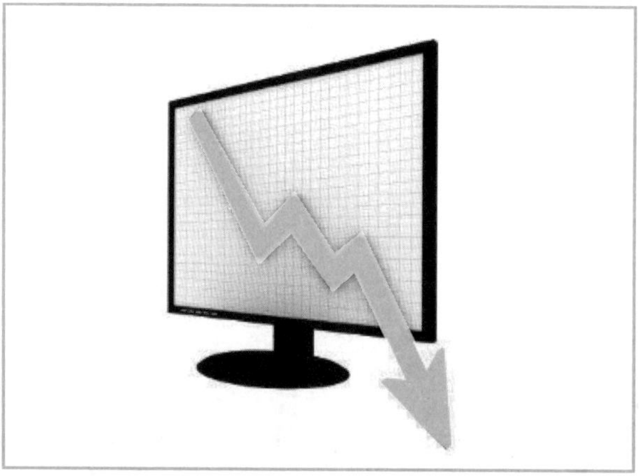

그림 1-9 게시판에 올라오는 매니저의 게시글은 눈에 띄게 그 숫자가 줄어들기 마련이다.

시판을 통해 전달하려고 했는지 짐작할 수 있는 게시판 숫자이다.

그렇다면, 지금은 운영하지 않는 이 카페들의 게시글 숫자와 게시글 업로드 기간은 어떻게 될까? 평균 게시글은 적으면 10개 미만부터 많으면 30~50개 사이로 집계된다.

약 20개의 게시판을 운영하는 네이버 카페의 게시글 수가 10개 미만부터 많아야 50개라는 점도 문제가 있지만, 필자가 생각하는 가장 0순위 문제는 게시판의 숫자다.

초기 카페 치고는 게시판의 숫자가 너무 많다. 하지만, 매니저가 이 게시판을 모두 게시글로 채울 수 있다고 한다면 0순위 문제의 부피는 상대적으로 줄어들 수 있을지도 모른다. 하지만 게시글이 많이 채워진다고 하여, 문제의 본질이 사라지는 것은 아니다. 이 부분에 대해서는 다른 문제를 설명하며 부연하도록 하겠다.

게시글의 숫자 다음에는 어떤 것이 문제일까?

바로 게시글의 업로드 기간이다. 평균 게시글 업로드 기간은 날이 지날수록 눈에 띄게 줄어든다. 네이버 카페를 오픈한 첫날 가장 많은 게시글이 올라오는데 이 비중이 전체 게시글의 50%를 차지할 정도다.

아마 이미 카페를 개설해 본 경험이 있는 매니저라면 이 대목에서 격하게 공감할 것이라고 생각된다.

업로드 기간과 숫자는 말 그대로 네이버 카페를 개설한 뒤 카페에 쏟아붓는 열정을 나타낸다고 생각하면 되는데, 열정이 가장 넘치는 날이 바로 개설 첫날이다.

그렇다면 왜 개설 2일 차부터는 매니저의 게시글 업로드가 눈에 띄게 줄어드는 것일까?

지금 이 이야기는 초보 카페 매니저의 실패 수기가 아닌, 현재 대형 카페를 운영 중인 매니저의 초보 시절 성공 사례를 이야기하는 것임을 명심해야 한다.

첫날 패기 넘치게 관련 뉴스 링크와 인사말도 작성하고, 간단한 카페 규정도 만들었다.

각 게시판 메뉴에 맞게 글도 한두 개씩 작성하고, 검색해서 들어 올 수 있도록 전체검색으로 옵션도 설정해 본다. 그리고는 기대에 부푼 마음으로 다음 날 카페 회원들이 남길 댓글을 상상해 본다.

"감사합니다"를 시작으로 "매니저님 정말 많은 도움이 되었습니다", "카페를 알게 되어 너무 기뻐요!" 같은 댓글이 달리겠지?

그리고 다음 날, 기대 반 설렘 반으로 개설 2일 차 네이버 카페에 방문한다.

[Today 방문자 수 1, 게시글 조회 수 0, 회원 수 1]

어? 이게 아닌데? 사람들이 잘 들어올 수 있도록 난 모든 걸 준비했는데 왜 아무도 내 글을 읽지도 않고, 카페에 가입하지도 않지? 온갖 생각들이 머릿속을 복잡하게 만든다.

그리고는 2일 차에 다시 힘을 내서 글을 써보지만, 첫날처럼 머리가 가볍진 않다.

당연히 게시글 수는 줄어들 것이며, 내용 또한 짧아지기 마련이다.

그렇게 다시 카페 개설 3일 차

[Today 방문자 수 1, 게시글 조회 수 0, 회원 수 1]

뭐지? 어제도 글을 조금 올렸는데 왜 아무도 가입을 안 하지? 오늘은 무슨 글을 올려야 하지?

10개가 넘는 게시판을 다 채우기에는 이때부터 머리가 돌아가질 않는다.

에라, 모르겠다. 안 되나 보다. 그냥 포기하자.

실제로 이렇게 10개가 넘는 카페를 개설하여 한 달도 채 운영하지 못하고 관리를 포기했다고 한다.

처음 설계가 잘못되면, 이렇게 작심삼일 운영을 넘기기 무척 어려울 뿐만 아니라 이 경험이 반복되면 카페 개설 및 운영에 대해 더 이상 진행할 엄두를 내기 어렵기 때문에, 매니저로서의 초반 성공 경험은 그 어떤 경험보다도 값진 경험이 될 수밖에 없다.

이제 알겠는가? 소비자에서 매니저로 전직하는 것이 이렇게 어려운 일이라는 것을 말이다.

1-3

매니저에서 생산자로 레벨 업!

혹시 게임을 좋아하는가?

게임의 법칙을 기억하라. 어떤 게임이든 처음에 시작할 때는 1레벨부터 시작한다. 카페 매니저도 마찬가지다. 매니저도 1레벨부터 시작한다고 생각하자. 그리고 카페 회원도 1명부터 시작한다. 지금부터 게임과 네이버 카페의 법칙을 정리하고 그 이유를 설명하겠다.

더 많고 자잘한 수많은 법칙이 존재하겠지만, 이해하기 쉽도록 크게 10가지로 공통 법칙을 정리해 봤다.

아마 국내에서 게임과 네이버 카페의 공통 법칙을 비교하여 정리한 사람은 필자가 처음일 것이다. 이 역시 필자의 주요 경력 중 게임을 기획/개발/서비스한 경험에서 나온 것이며, 네이버에서 라인 플랫폼을 구축할 때의 경험도 온라인마케팅을 분석할 때 많은 도움을 받고 있다.

표 1-1　게임과 네이버 카페의 법칙

게임과 네이버 카페의 공통점		
	게임	네이버 카페
1	내 캐릭터 1명으로 시작	매니저 1명으로 시작
2	1레벨로 시작	카페등급 씨앗 1단계로 시작
3	캐릭터 성장을 통해 고수가 됨	카페를 성장시키며 고수가 됨
4	캐릭터를 키워야 동료가 모임	카페를 키워야 회원들이 모임
5	내 캐릭터가 곧 나만의 콘텐츠	카페가 곧 나만의 콘텐츠
6	직접 플레이해야 성장 가능	직접 콘텐츠로 활동해야 성장 가능
7	온라인 커뮤니티를 형성하여 활동	온라인 커뮤니티 그 자체가 됨
8	애정이 없으면 성장하지 못함	열정의 크기만큼 회원 수가 늘어남
9	투자한 시간만큼 빠른 성장	카페 성장은 시간의 비례 함수
10	끝없는 도전의 연속	끝없는 도전의 연속

이로써 우리는 아무 능력 없는 매니저에서 드디어 네이버 카페의 능력 있는 매니저이자 생산자로서의 준비를 마쳤다.

첫 번째, 게임과 카페는 모두 1명으로 시작한다는 점이다.

처음에는 드넓은 온라인 세상에 혼자 떨어져서 아무도 도와주지 않을 것 같지만, 노력하고 좋은 콘텐츠를 쌓다 보면 언젠가는 함께하는 사람들이 생기기 마련이다. 네이버 카페를 성장시키는 초기에 항상 가슴에 명심하고 있어야 하는 사항 중 하나가 바로 지금의 1만, 10만, 100만 명의 카페들도 그 최초 시작은 바로 매니저 1명부터 시작했다는 점을 잊어서는 안 된다.

그 많은 매니저는 이런 자신과의 싸움을 이겨내고 지금의 대형 커뮤니티를 형성하여 온라인 비즈니스를 성공적으로 치르고 있으며, 이제 이 책을 읽는 독자들도 그 대열에 합류하기 위해 준비하고 있지 않은가?

두 번째, 게임은 공평하다.

어떤 게임이든 처음부터 최고의 자리에서 시작하는 게임은 없다. 항상 가장 최하위 레벨, 즉 1레벨부터 시작한다는 점을 명심하고 또 명심하자.

네이버 카페도 마찬가지다. 네이버 카페는 등급제로 운영되며, 시작 등급은 가장 하위 등급인 씨앗 1단계부터 시작된다. 모두가 공평하게

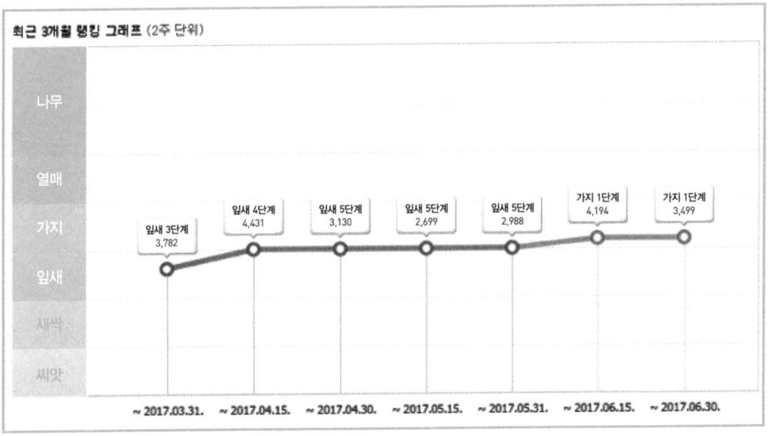

그림 1-10 실제 운영 중인 네이버 카페의 랭킹 상승 그래프

● 카페 활동 내역

기간	멤구동횟수	게시글수	검색조회수	댓글수	가입멤버
2017/03/16 ~ 2017/03/31	4795	176	512	403	114
2017/04/01 ~ 2017/04/15	4842	200	609	548	139

그림 1-11 실제 운영 중인 네이버 카페 개설 3개월 차의 활동 지수

● 카페 활동 내역

기간	멤구동횟수	게시글수	검색조회수	댓글수	가입회원
2015/12/01 ~ 2015/12/15	4	0	1	0	0
2015/12/16 ~ 2015/12/31	0	0	0	0	0
2016/01/01 ~ 2016/01/15	4	0	1	0	0
2016/01/16 ~ 2016/01/31	0	0	0	0	0
2016/02/01 ~ 2016/02/15	0	1	9	0	1
2016/02/16 ~ 2016/02/29	16	9	48	4	20

그림 1-12 개설 후 운영이 원활하지 못한 카페의 활동 지수

● 카페 랭킹 가이드

씨앗	새싹	잎새	가지	열매	나무
씨앗5단계	새싹5단계	잎새5단계	가지5단계	열매5단계	숲
씨앗4단계	새싹4단계	잎새4단계	가지4단계	열매4단계	나무4단계
씨앗3단계	새싹3단계	잎새3단계	가지3단계	열매3단계	나무3단계
씨앗2단계	새싹2단계	잎새2단계	가지2단계	열매2단계	나무2단계
씨앗1단계	새싹1단계	잎새1단계	가지1단계	열매1단계	나무1단계

등급이 상승되면 혜택도 같이 늘어납니다.
대표카페 선정, 카페지원센터 신청, 카페명 검색 시 목록 상위 노출 등 다양한 혜택이 있어요.

그림 1-13 네이버 카페 랭킹 등급표

같은 등급으로 시작하여, 씨앗 5단계 〉 새싹 5단계 〉 잎새 5단계 〉 가지 5단계 〉 열매 5단계 〉 나무 5단계를 거치면서 최고 랭킹인 숲 등급(대표적으로 중고나라 카페)까지 거머쥐게 되는 것이다.

최근 네이버 카페 랭킹 등급 정책의 변경으로, 이제는 활동 점수가 일정 수치 이상이 되지 않을 경우 카페의 등급이 1단계씩 내려가기 때문에 매니저들은 카페 회원들이 더 많은 활동을 할 수 있도록 다양한 콘텐츠를 개발하고, 회원들의 활동을 독려해야 한다.

신생 카페의 경우 이 랭킹 상승에 전력을 쏟을 필요가 있는데, 실제로 카페 랭킹이 상승하면 많은 혜택이 있기 때문이다. 예를 들면, 네이버 검색엔진에 카페가 반영되어 실제로 포털상에서 즉시 회원들이 카페로 유입되기도 하고, 네이버 카페 검색에도 상위에 노출되어 더

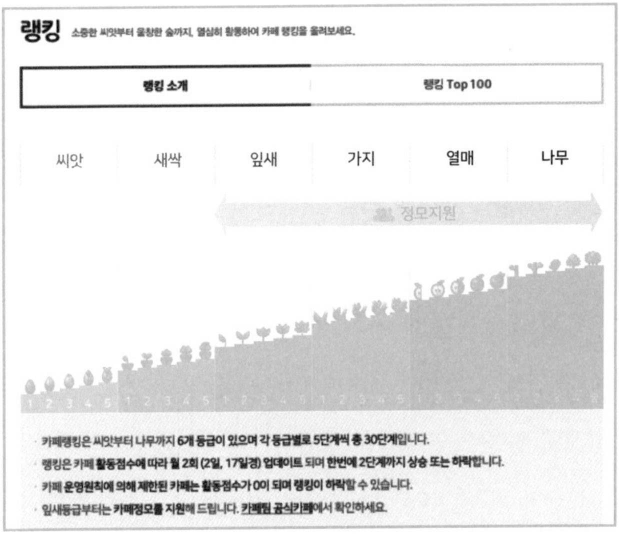

그림 1-14 네이버 카페의 다양한 등급과 랭킹 산정일 정보

등급별 점수 계산표

씨앗등급		새싹등급		잎새등급		가지등급		열매등급		나무등급	
단계	활동점수	단계	활동점수	단계	활동점수	단계	활동점수	단계	활동점수	단계	활동점수
1단계	0	1단계	550	1단계	2,000	1단계	4,000	1단계	50,000	1단계	200,000
2단계	30	2단계	800	2단계	2,400	2단계	5,000	2단계	80,000	2단계	250,000
3단계	80	3단계	1,100	3단계	2,800	3단계	8,000	3단계	110,000	3단계	300,000
4단계	200	4단계	1,400	4단계	3,200	4단계	15,000	4단계	140,000	4단계	400,000
5단계	350	5단계	1,700	5단계	3,600	5단계	30,000	5단계	160,000	5단계	500,000

활동점수=(게시물×5)+(검색조회수/2)+(덧글수×2)+(가입회원수×3)

그림 1-15 네이버 카페 랭킹 점수와 활동 지수 계산 방식

많은 회원이 카페의 존재를 알 수 있게 된다.

네이버 카페의 랭킹 점수를 올리는 방법으로는 몇 가지가 존재하는데, 대표적으로 회원 가입과 게시글 작성이며, 활동별 필요 점수와 계산방법은 [그림 1-15]와 같다.

세 번째, 게임에서 레벨 업을 통해 성장하며 고수가 되는 것처럼, 카페 매니저도 카페의 컨셉에 맞는 콘텐츠를 업로드하고 쌓아가며 전문가가 되기도 한다.

또한 처음에 낯설기만 한 카페 내 많은 용어와 기능을 하나, 둘 익히며 어느새 자신도 모르게 능숙하게 기능들을 사용하고 편집하며 생산자로서의 레벨 업을 자연스럽게 경험하게 되는 것이다.

네 번째, 좋은 동료와 회원들은 활동이 활발하지 않는 카페에는 모

이지 않는다.

만약, 우리 카페에 글을 올리고, 댓글을 달고, 활동을 하는 회원들을 만들고 싶다면 매니저는 그 누구보다 더 많은 활동과 카페 안에 쌓이는 콘텐츠에 집중해야 한다. 맨땅에 헤딩하는 기분으로 매일매일 글을 작성하고, 카페의 컨셉을 알리고, 가입한 회원들의 가입인사에 친절하게 댓글을 달아주며 그들이 카페의 일원이 될 수 있도록 독려해야 한다.

요즘은 모바일 카페 앱을 통해서 댓글이 달릴 경우 푸시(Push) 알림을 받을 수 있기 때문에, 카페에 한 번 왔던 회원이 다시금 카페에 접속하게 하는 효과를 기대할 수 있다. 회원이 하나, 둘 모이기 시작하면 그중에서 활동이 왕성한 회원들이 생기기 시작하므로, 처음부터 너무 큰 기대를 하기보다는 자연스럽게 카페의 충성 회원을 만들 수 있도록 매니저부터 노력해야 함을 잊지 말았으면 좋겠다.

다섯 번째, 카페 그 자체가 이미 훌륭한 콘텐츠로 자리 잡을 수 있어야 한다.

초반에 카페를 키우는 데 너무 급급한 나머지 부실한 내용으로 카페를 채운다거나, 카페 컨셉에 맞지 않는 의미가 없는 글들을 퍼 나르기 시작하면 초기 기초 공사가 부실해진다. 그러면 카페를 방문한 회원들이 매력을 느끼지 못하게 되는 안 좋은 사태가 발생하기 쉽다.

특히, 조회 수를 늘리기 위해서 전체공개로 게시글을 작성하는 경우 포털 검색이나 기타 외부 검색을 통해 글만 읽은 뒤 가입은 하지 않고 떠나버릴 수 있으므로 이 부분도 조심해야 한다.

앞서 카페 랭킹을 설명하면서 게시글의 전체공개가 높은 활동 점수를 받을 수 있다고 설명하였지만 이런 문제가 생길 수 있으므로 신중한 판단이 필요하다. 이런 판단을 할 수 있는 게시글의 조건을 설명하자면, 우리 카페 컨셉에 맞는 양질의 정보글이나 희귀성을 띠는 게시글을 작성할 경우 전체공개보다는 멤버공개 옵션을 선택한 뒤, 검색설정 항목에서는 '네이버에서 검색되는 것을 허락합니다' 항목을 체크하는 것을 적극 권장한다.

이렇게 옵션을 설정해 두면 네이버 및 기타 포털에서 해당 게시글이나 본문의 내용이 자동으로 수집되어 사용자들이 관련 내용을 검색했을 때 쉽게 노출되는 반면, 게시글을 클릭하여 카페의 URL로 이동되었을 때 가입멤버만 볼 수 있도록 화면이 출력되어 게시글을 확인하고 싶은 사람이라면 카페에 가입하는 효과를 기대할 수 있기 때문이다.

앞서 말한 대로 만약 게시글이 양질의 콘텐츠를 담고 있다면 카페에 가입해서라도 그 글을 읽고 정보를 얻어가려고 할 것이며, 이런 경험은 결국 회원이 되었을 때 우리 카페의 좋은 인식과 재방문율을 높이는 데 긍정적인 역할을 한다.

반대로, 유머글이나 노멀(Normal)한 게시글의 경우, 전체공개를 통해

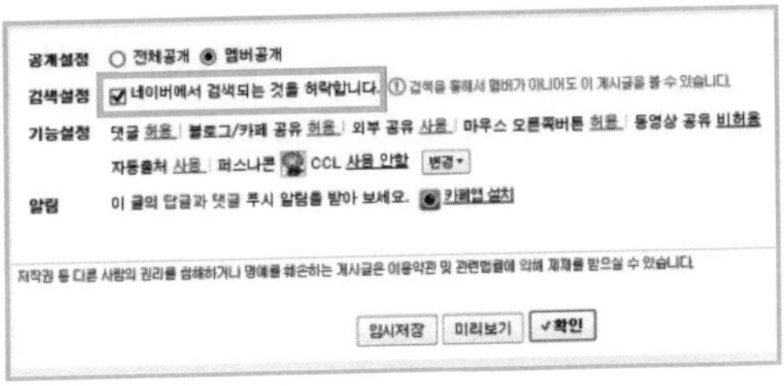

그림 1-16 전체공개는 게시글의 목적과 컨셉에 따라 초기 카페에서는 신중하게 결정해야 한다.

더 많은 사용자가 검색해서 카페의 게시글을 확인할 수 있도록 설정해두면 PV(Page View)의 상승에 도움이 많이 되므로 높은 활동점수를 기대할 수 있다.

가벼운 글이나 유머를 보기 위해 신생 카페에 가입하는 사람은 극히 드물기 때문에 이런 글에 멤버공개 옵션을 선택할 경우 오히려 역효과를 낼 수 있으므로 글의 컨셉에 따라 어울리는 공개설정 옵션을 통해 신생 카페라도 그 효과를 톡톡히 누릴 수 있게 된다.

여섯 번째, 게임을 직접 플레이하며 성장하듯이 네이버 카페도 매니저가 직접 생산자로서 플레이하지 않으면 그 누구도 양질의 콘텐츠를 제공하지 않는다. 실제로 필자가 운영하는 네이버 카페의 경우도 대부분의 콘텐츠는 본인이나 카페의 멘토들이 작성하여 콘텐츠를 만들어가고 있다. 신생 카페라면 매니저가 좋은 정보 또는 직접 생산해내는 콘텐츠들의 비중이 더욱더 높다고 할 수 있는데, 100% 매니저의 노력을 통해 카페가 성장해 나간다고 생각하고 운영에 임하면 좋을 것이다.

일곱 번째, 네이버 카페 그 자체가 온라인 플랫폼이라고 인식해야 한다.

우리는 카페를 목적 없이 운영하려고 하는 것이 아니다. 중-장기적으로 카페 컨셉에 맞는 회원들을 모아 온라인마케팅 비즈니스를 펼치려고 하는 사람들이기에, 더욱더 이 명제를 기억하고 있어야만 한다. 이런 인식의 바탕 없이 카페를 운영하기 때문에 수많은 카페 매니저가 한 달도 못가서 포기하고 마는 것이다.

온라인 플랫폼은 중개사업자의 역할을 하고 있는데, 시장을 가운데 두고 서비스가 필요한 고객(돈을 지급)과 그런 고객이 필요한 사업자(서비스 제공)를 이어주는 중간 다리 역할을 하는 것을 말한다(그래서 거쳐간다는 의미에서 이름도 '플랫폼; platform'이다).

좀 더 이해하기 쉽게 설명하면, 한국에서는 대표적으로 카카오톡 서비스를 예로 들 수 있다. 물론 필자가 개발한 라인도 같은 비즈니스 모델을 가진 온라인 플랫폼이지만, 한국 사람들에게 좀 더 친숙한 카카오톡을 예로 설명하려고 한다.

카카오톡은 자체 메신저 서비스를 시작으로 회원들을 모았다. 이 항목을 네이버 카페로 대입하면 매니저가 컨셉에 맞는 콘텐츠를 카페에

그림 1-17 **한국의 대표적 온라인 플랫폼 카카오톡**

올리고 회원들이 카페에 가입하는 단계라고 생각하면 좋을 것이다. 그렇게 모인 회원들은 카페 컨셉에 따라 비슷한 니즈를 가진 회원들이 될 것이다. 이런 회원들에게 자사의 상품을 홍보하고, 서비스를 제공하고자 하는 기업(또는 단체)들이 존재한다.

다시 카카오톡으로 돌아오면, 카카오톡에서 전 국민의 사랑을 받은 '애니팡'을 기억하는가? 애니팡이 바로 고객들에게 서비스를 제공하기 위한 기업이라고 생각하면 된다. 애니팡을 만든 '선데이토즈'라는 회사는 카카오톡에 게임을 서비스하기 전에는 애니팡을 전 국민에게 홍보할만한 자본이 없는 작은 회사였기 때문에 자사의 애니팡을 알릴 수 있는 경로가 필요했다.

반대로 카카오톡은 메신저 서비스를 통해 모아놓은 회원들에게 새로운 서비스를 제공하고 신규 BM(Business Model)을 만들어내야만 하는 상황이었다. 이 두 기업의 니즈가 만나 카카오톡에서 애니팡을 서비스하면서 큰 성공을 거두게 된 것이다.

네이버 카페도 마찬가지다. 우리 카페의 회원들에게 서비스를 제공하고자 하는 기업들이 있음을 명심하자. 매니저가 만들어놓은 플랫폼 안에서 회원들과 상품을 연결해 주는 비즈니스 모델이 카페 플랫폼의 가장 강력한 수익 모델이기 때문이다.

여덟 번째, 카페는 매니저의 정성을 먹고 자란다.

앞서 우리는 실패하는 매니저의 기본 조건들을 확인할 수 있었다. 하루, 이틀, 그리고 사흘이 채 지나지 않아 흥미를 잃고 카페 관리를 포기하는 매니저들, 컨셉을 정하지 않고 목적성 없이 카페를 만들어 금방 포기하는 매니저들을 수없이 봐왔다.

카페를 성장시키는 것은 살아 있는 생명체를 키우는 것과 같다. 어제와는 또 다른 오늘의 카페, 어제는 없었던 회원의 관리가 필요한 오늘의 카페는 꾸준한 정성과 관리 없이는 절대 성장할 수 없음을 기억해야만 한다.

아홉 번째, 정성은 곧 투자하는 시간과 비례한다.

바쁜 와중에도 카페에 접속하여 인사를 나누고, 댓글을 통해 소통하는 매니저의 자세가 필요하다. 일과 이후 새벽 시간을 쪼개 잠을 줄이

그림 1-18 원치 않는 광고글로 카페의 분위기가 흐려질 수 있다.

면서 콘텐츠를 작성하고, 오늘 가입한 회원들에게 반갑게 인사를 하는 매니저의 행동 하나하나가 모두 회원들이 느끼는 정성이자, 그 카페의 콘텐츠가 되는 것이다.

열 번째, 카페 운영은 끝없는 도전의 연속이다.

초기 단계를 벗어나 어느 정도 자리를 잡은 카페도 마찬가지이다. 현재 대형화된 카페들도 하나같이 매일매일 새로운 도전이라고 생각해야 한다. 카페가 성장하면 회원들끼리 친목을 다지며 파벌을 이루어 신규회원들의 활동에 허들을 만들기도 한다. 그 과정에서 서로 감정이 상해 싸우거나 매일매일 광고글이 올라오며 콘텐츠의 질을 낮추기도 한다.

어쩌면 매니저로서 새로운 글을 작성하는 시간보다 광고건 삭제나 회원들 간의 분쟁을 조정하는 데 더 많은 시간을 쏟아야 할지도 모른다. 초기 카페 매니저에게는 이 모든 것이 행복한 고민이 될 수도 있지만, 이 역시 카페가 성장함에 따라 생기는 수많은 변수 중 일부에 불과하다.

이렇듯, 매니저는 이제 생산자가 되어 카페 전체를 관리하고 계획해야 한다. 앞서 밝힌 10가지의 법칙을 기억하고 실제로 운영에 적용해 보길 바란다.

1-4

당장,
오늘부터 움직여라!

앞서 매니저의 역할과 마인드, 그리고 우리가 그동안 몰랐던 디지털 노마드의 온라인 비즈니스 세계를 배웠다.

이제 생각만으로 가만히 있어서는 안 된다. 무조건 움직여야 한다. 다른 사람들보다 먼저 움직여야 더 많은 정보를 내 플랫폼에 담을 수 있기 때문이다.

온라인마케팅 세계를 이제 막 알았다고 해서 내가 당장 수익을 낼 수 있다거나 온라인마케팅이 쉽다고 생각하면 절대 안 된다. 다시 강조하지만 네이버에는 수백만 개가 넘는 카페들이 그 개수에 맞는 목적으로 생성되어 있으며, 1,000개의 네이버 카페가 생성되면, 500개 이상의 카페는 회원 수 10명을 못 넘긴 상태로 몇 개월 또는 몇 년 동안 그렇게 방치되는 게 현실이다. 남은 500개의 네이버 카페 중에서도 또

절반은 한 달 안에 지쳐서 운영을 포기하게 되는데 결국 살아남는 카페는 5%도 안 된다는 게 필자의 생각이다.

그렇다면 어떤 것부터 먼저 해야 할까?

네이버에 로그인하여 카페를 개설해야 할까? 아니면 잘 되는 카페를 먼저 가입해서 둘러봐야 할까? 지금 먼저 해야 하는 것은 바로 '기획'이다.

네이버에 들어가 카페를 만드는 건 언제든지 할 수 있다. 다른 카페를 가입하는 것도 언제든지 할 수 있다. 지금 당장 내가 가입해야 하는 카페는 어떤 카페인지 먼저 정하는 것이 순서라는 말이다.

머릿속으로 아무리 대단한 걸 생각해낸들 실행하지 못하면 아무런 쓸모가 없다.

카페를 만들기만 하면 당장 수십 또는 수백 명의 회원이 감사의 마음을 가지고 가입하여 글을 남겨줄 것 같지만 현실은 그렇지 못하다. 이것과 관련된 뼈아픈 실패 사연은 좀 더 뒤에서 자세히 설명하도록 하고, 일단 아직 세상에 나온 적 없는 나만의 온라인 플랫폼을 어떤 형태로 만들지 기획부터 시작해야 한다.

카페명의 경우 한 번 생성하면 다시 바꿀 수 없는 건 아니지만, 시간도 걸리고 변경 횟수가 제한되어 있어서 까다롭기 때문에 기획서에서 최대한 변경하면서 완성시키는 과정이 필요하다. 펜이 준비됐다면 카페 기획서를 작성하여 가볍게 카페 기획부터 들어가 보자.

여기 직장인의 신분으로 처음에는 취미로 시작했다가 지금은 투잡의 개념이 된 매니저가 있다.

'VR을 즐기는 사람들의 모임' 카페의 매니저 리샤마오님이다. 리샤마오님은 VR에 관심을 가지게 되어 직장을 다니면서 가볍게 카페를 만들었다. 그 당시 회사에서 기획 업무를 담당했기 때문에 카페를 만들 때 본능적으로 기획을 해야 한다고 생각했다고 한다. 그래서 머릿속으로 정리하고 바로 카페를 만들기 시작했는데, 만드는 것은 큰 어려움이 없었지만 만들고 난 뒤가 문제였다고 한다. 바로 리샤오마님과 같은 취미를 가진 회원들을 모집하는 게 생각처럼 쉽지 않았다고 그 당시를 회상하고 있다.

그래서 기왕 만든 카페를 더욱 잘 가꾸고자, 회사에서 업무를 진행할 때처럼 기획서를 작성하고 마케팅 계획까지 세워 본격적으로 카페를 홍보하고 관리했더니 하나둘 회원이 늘기 시작했다. 어느 시점이 지나면서 회원들과 소통하고 정보를 나눠주다 보니, 자연스럽게 VR 관련 소개나 제품 설명을 요청하는 등의 연락이 오기 시작했고, 지금은 직장을 다니면서 부업으로 카페를 운영할 만큼 공을 들이고 있다. 리샤오마님에게 무엇이 가장 중요한지 물었을 때 리샤오마님도 초기 기획이 가장 중요하다고 할 정도로 기획의 힘은 중요하다.

지금부터는 내가 직접 개발한 네이버 카페 생성 기획서 양식을 공개한 뒤 자세한 설명을 이어서 진행하도록 하겠다.

네이버 카페 기획서

1. 네이버 카페 플랫폼 제작선언문

성 명		휴대전화	
주 소			
선언문			
날 짜			

2. 카페 이름과 매니저 닉네임 정하기

카페명		매니저 닉네임	

3. 카페 설명 작성

카페 설명	

4. 카페 검색어 작성

카페 검색어	

5. 카페 주소 구성

카페 주소	http://cafe.naver.com/

6. 카페 메뉴 초안

카페 메뉴	1.	6.
	2.	7.
	3.	8.
	4.	9.
	5.	10.

7. 카페 목표 회원 유치 기간과 회원 수

기간		회원 수	

이 카페 기획서 정보를 바탕으로 네이버 카페를 개설하기 전에 사업 계획을 함께 간단히 정리해 볼 수 있다. 이제 하나씩 살펴보도록 하자.

이름과 인적사항은 스스로에게 부끄럽지 않도록 기재하면 된다.

중요한 부분이 바로 선언문 작성 항목인데, 스스로 네이버 카페를 통해 이루고자 하는 목표와 그 이유를 간단히 작성한다. 이때는 서술형으로 일기를 쓰듯 써 내려가는 것이 좋다. 평소에 글을 잘 쓰지 않던 습관이 있는 사람이라면 이 짧은 선언문을 통해 글쓰기의 힘과 그것이 부족했을 때 생길 수 있는 문제점을 온몸으로 경험할 것이다.

선언문이 중요한 또 다른 이유는 매니저는 항상 글을 써야 하는 사람이기 때문이다. 앞으로 카페를 통해 만나게 될 수많은 회원에게 글 외에 어떤 것으로 자신의 진정성과 컨셉을 전달할 수 있단 말인가? 선언문 작성을 통해 극복해 보도록 하자.

카페명과 매니저 닉네임을 정해야 한다.

카페명을 정하는 이유는, 앞서 밝혔듯 수많은 매니저가 별생각 없이 카페를 개설했다가 문 닫는 안 좋은 전철을 밟지 않기 위함이다. 카페명은 곧 카페의 컨셉과 직결되기 때문에 이름을 적기 위해서는 컨셉을 먼저 머릿속으로 확실히 해 두지 않으면 안 된다.

매니저의 닉네임 또한 이와 같은 맥락에서 회원들에게 친숙하고 불리기 쉬운 닉네임으로 정하는 것이 옳다. 매니저의 닉네임을 카페 운영 중간에 변경하면 회원들에게 혼란을 줄 수 있기 때문에 신중하게 결정해야 한다.

카페 설명은 우리 카페를 검색했을 때 이름 밑에 등장하는 항목으로

그림 1-19 다양한 카페 설명을 통해 카페의 정체성을 더욱 드러낼 수 있다.

매우 중요하다.

보통 카페명에 다 담지 못하는 카페의 방향성, 활동 리스트 등을 작성하는 게 일반적이다. 첨부된 이미지를 참조하여 자신만의 카페 설명을 만들어보도록 하자.

카페 검색어의 경우 실제로 카페명이 검색어와 일치하지 않아도, 검색어 리스트를 통해 검색되도록 하는 중요한 요소 중 하나이다. 실제 필자가 운영하는 네이버 카페의 설명과 검색어를 바탕으로 자신만의 카페 검색어를 만들길 바란다.

카페 설명	학종,생기부,생활기록부,특기자전형,수시,학생부종합전형,대입자소서,발명,소논문,탐구대회,R&E,대입면접
카페 검색어	학생부종합전형, 학종, 생기부, 특기자전형, 학종이, 자소서, 수시, 대입, 소논문, 학생부종합

그림 1-20 필자가 운영하는 입시정보 카페의 설명과 검색어

카페 주소의 경우, 최종적으로 결정할 필요는 없지만 컨셉에 맞는 주소를 만들 필요가 있다.

실제로 카페 주소를 입력하고 들어오는 회원들은 거의 없다고 보면 되지만, 주소 자체가 암호처럼 이해할 수 없다거나, 너무 길면 좋을 게 없기 때문이다. 카페 주소는 다른 카페 주소와 동일하게 사용할 수 없기 때문에 영문과 숫자를 이용해 자신만의 카페 주소를 만들어보자.

카페 메뉴 초안은 말 그대로 카페를 처음 생성했을 때 만들고자 하는 게시판의 이름이다.

필자는 대략 5개 +@를 추천한다. 처음부터 게시판을 많이 만들어 놓으면 콘텐츠가 분산되고, 매니저가 콘텐츠 업로드에 지칠 수 있기 때문에 컨셉을 전달할 수 있는 최소한의 수량만 존재하면 된다.

카페 기획서에서는 아이디어를 버릴 필요까지는 없기 때문에 10개 정도를 적어놓고, 실제로 카페를 생성할 때는 좋은 것으로 5~6개 정도를 사용하도록 하자.

마지막으로 얼마의 기간 동안 카페 회원을 유치할 것인지 목표를 설정하도록 하자.

기간을 정해놓으면 그 기간 내에 지치는 상황이 생겨도 카페 기획서를 보며 해당 기간까지 버틸 수 있는 큰 힘이 된다. 그리고 목표를 달성할 경우 스스로에게 자신감을 심어줄 수 있기 때문에 대략적인 기간과 목표를 가지고 운영할 수 있도록 해 준다.

필자가 추천하는 기간과 회원 수는 대략 1달 단위로 끊어지며, 한 달에 50~100명 정도를 적고 하나씩 달성해 나아가는 것을 추천한다.

지금까지 카페 기획서를 작성하는 방법과 카페 기획서가 왜 초보 매니저에게 필요한지 설명하였다. 필자에게 카페 기획서는 마치 전장을 나가는 장수의 마음으로 쓰는 출사표 같은 효과를 주는데, 삼국지를 읽어본 독자라면 제갈량이 1차 북벌을 나서기 전 온마음으로 작성한 출사표를 떠올리면서 직접 작성하도록 하자.

1-5

매니저가 해당 분야의 전문가일 필요는 없다

매니저는 네이버 카페의 주인이자, 대표성을 띤 상징적인 의미인가? 라는 질문에 스스로는 어떻게 대답할 것인가? 한번 곰곰이 생각해 보자.

필자의 대답은 “NO!” 다. 그 이유는 간단하다. 하나씩 천천히 살펴보자.

매니저는 카페의 주인이다? 그렇기도 하고, 그렇지 않기도 하다. 카페를 생성하고, 폐쇄하고, 카페의 기능적인 측면으로는 주인이 맞다. 매니저가 아닌 그 누가 카페를 폐쇄하고 만들 수 있다는 말인가? 다만 회사의 주인이 사장이 아니듯, 카페의 주인도 매니저가 아니다.

앞서 이야기한 다양한 콘텐츠는 시간이 지나고 카페가 활성화되면 카페의 스탭들도 업로드 가능하고, 일반 회원들도 양질의 콘텐츠를 제

그림 1-21 **매니저는 설계자로서의 역할과 초기 생산자로서의 역할을 필요로 한다.**

공할 수 있다. 카페의 주인은 결국 '회원'들이다. 회원이 주인이 되지 못하는 카페는 살아서 스스로 생명력을 갖기 어렵다. 계속 매니저가 산소 호흡기로 산소를 주입하듯 콘텐츠를 올리지 않으면 바로 죽어버린다. 이런 카페를 원한다면 매니저가 카페의 주인이라는 생각으로 운영하는 것도 나쁘지 않을 것이다.

매니저는 카페의 아이덴티티(Identity)이다? 이것도 "NO!!" 다.

카페의 상징은 카페 그 자체의 컨셉이다. '요리' 카페라면 '요리' 테마 자체가 카페의 아이덴티티를 나타내고 있을 것이고, '낚시' 카페라면 '낚시' 그리고 카페가 성장할수록 '여행'이라는 컨셉이 추가될 수 있을 것이다.

지금 소개하는 카페가 바로 대표적으로, 공공재로 카페를 운영하여 성공한 사례이다.

경기도 남양주시를 대표하는 몇 개 카페 중 '화도사랑'(2017년 대표 인기카페, 회원 수 5만1천 명)이라는 카페가 있다. 해당 카페 매니저가 카페를 운영하는 방식에 관해 설명하자면, 1년에 한 번씩 매니저를 포함한 스탭, 운영진을 공개 선출하는 방식으로 운영하고 있다.

매니저의 말에 따르면 화도사랑 카페가 성공하는 데 있어서 이런 공공재가 회원들의 신뢰를 높였고, 권력이 너무 한쪽으로 치우치는 것을 방지하여 투명하게 운영한 것이 성공하는 데 큰 역할을 했다고 한다. 이런 대형 카페들은 항상 크고 작은 문제와 직면해 있는데, 이런 문제가 발생했을 때 운영진의 개입을 최소화하여 회원들끼리 해결할 수 있는 기회를 마련하고 회원들 스스로가 성장하여 카페가 함께 발전하는 윈-윈 전략을 택했다고 한다.

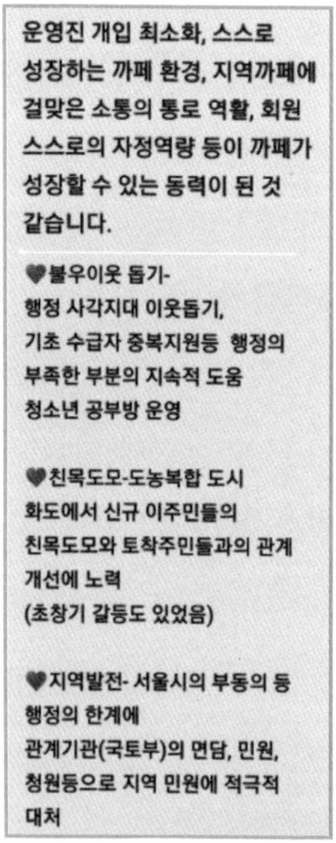
운영진 개입 최소화, 스스로 성장하는 까페 환경, 지역까페에 걸맞은 소통의 통로 역활, 회원 스스로의 자정역량 등이 까페가 성장할 수 있는 동력이 된 것 같습니다.

♥불우이웃 돕기-
행정 사각지대 이웃돕기,
기초 수급자 중복지원등 행정의 부족한 부분의 지속적 도움
청소년 공부방 운영

♥친목도모-도농복합 도시
화도에서 신규 이주민들의 친목도모와 토착주민들과의 관계 개선에 노력
(초창기 갈등도 있었음)

♥지역발전- 서울시의 부동의 등
행정의 한계에
관계기관(국토부)의 면담, 민원, 청원등으로 지역 민원에 적극적 대처

그림 1-22 화도사랑 카페 매니저의 카페 성공 노하우 공유

그만큼 카페의 성장 속도는 느려졌는지 몰라도, 내실이 있는 탄탄한 지역카페로 발전할 수 있었다는 것이 남양주시

를 대표하는 카페 매니저의 말이다. 지역카페의 경우 지역 이기주의가 카페 내에서도 발생할 수 있는데, 이때 운영진의 역할이 중립적이지 못하면 회원들의 신뢰를 금방 잃게 된다.

또 하나의 사례는 바로 외국의 성공 사례이다.

전자제품 전문 업체인 베스트바이(Best Buy)의 사례를 보면, 회사에서 직접 커뮤니티를 운영하면서 고객들과 신속하게 커뮤니케이션하여 성공한 사례이다.

그러면 누가 커뮤니티를 운영하는지 궁금할 것이다. 회사에서는 자사 제품의 전문가가 아닌 소셜미디어 전문가를 고용하여 커뮤니티를 운영하였다. 회사에서 고객과의 커뮤니케이션, 제품에 관련된 커뮤니티를 운영할 때 중요한 점은 바로 기존 사내 직원을 이용해서 서비스

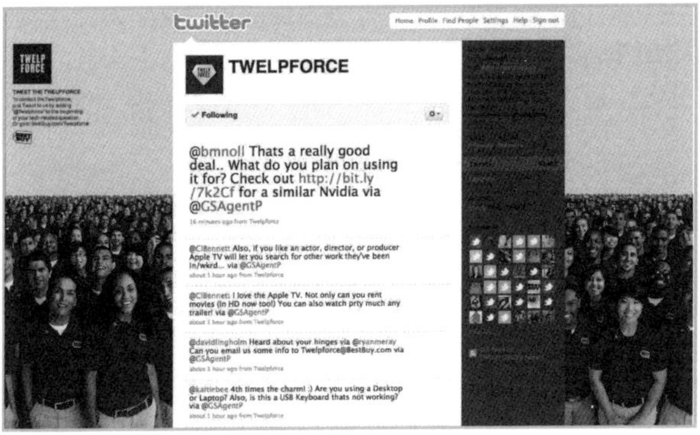

그림 1-23 Twelpforce

를 만들면 안 된다는 것이다.

사내 직원은 제품 또는 자기 분야의 전문가이지 소셜미디어나 온라인 커뮤니티 전문가는 아니기 때문이다. 베스트바이의 경우 약 2,600여 명의 소셜미디어 전문가와 마케터로 구성된 'Twelpforce'라는 조직을 구성하여 커뮤니티를 운영하였다.

이들은 전자제품 업체답게 기존의 전자제품의 전문적인 지식뿐만 아니라 고객과 소통할 수 있는 온라인 선물, 커뮤니티에 맞는 아이디어를 쏟아내며 고객들의 질문에 신속하게 답변 및 조언을 통해 고객 불만을 잠재웠다.

또 다른 외국 기업의 성공 사례는 바로 유기농 슈퍼마켓 홀푸드(Whole Foods Market)의 사례이다.

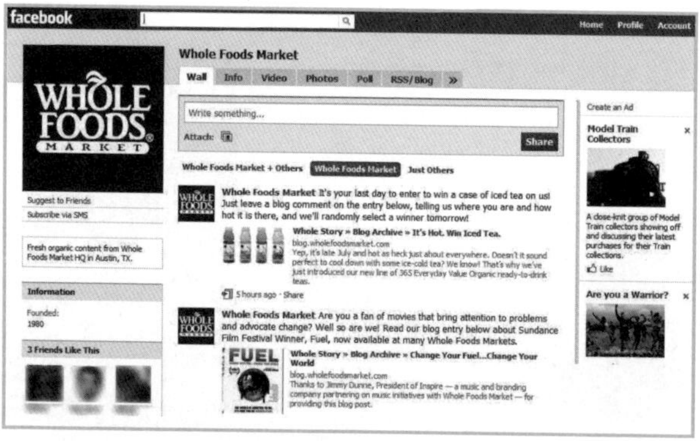

그림 1-24 Whole Foods Market

이들은 홈페이지만으로 고객의 니즈를 파악하기 어렵다는 분석 후 페이스북과 트위터 커뮤니티를 개설하고 해당 분야의 전문가를 고용하여 커뮤니티를 운영하였다.

특히, 커뮤니티를 통해 고객에게 직접 시장조사를 하기도 하였으며, 자사의 식생활 정보, 조리법, 계절별 음식 관리방법 등을 공유하며 180만 명이 넘는 팔로워를 확보하여 고객 커뮤니티 확립에 성공한 대표적 사례라고 볼 수 있다.

최근 미국 시장에서 홈페이지 대신 페이스북, 트위터 등을 전면에 내세우는 일은 이제 특이한 일이 아니다. 고객과 더욱 가까운 마케팅은 필수로 자리 잡고 있으며, 우리나라에는 그 중심에 네이버 카페 커뮤니티가 있다고 할 수 있다.

매니저가 네이버 카페의 컨셉을 모두 혼자서 감당하는 전문가일 필요는 없다. 육아 카페를 만든 매니저는 대부분 초보 엄마들이겠지만, 현재 임신을 한 아직은 육아 경험이 없는 예비 엄마가 정보를 나누고 얻기 위해 매니저로서 카페를 개설했을 수도 있는 일이다. 반대로 미혼 여성이 또는 남성이 육아 카페를 여러 가지 목적으로 생성했을 수도 있다.

이처럼 매니저의 초기 역할은 지극히 '설계자'와 '생산자'라는 두 가지 관점의 역할에 충실해야 한다.

양질의 콘텐츠를 만든다는 관점에서 매니저가 카페의 컨셉을 잘 이해하고 있다면 긍정적인 부분이 없지 않아 있지만, 매일 신중한 글만 쓰는 건 아니므로 다양한 관점으로 관련 정보를 업데이트하는 게 더 의미 있으므로 크게 관계없다고 이야기할 수 있다.

하지만 매니저도 공부해야 살아남을 수 있다. 우리는 지금 막 카페를 만들었거나 앞으로 만들 계획하에 움직이는 사람들이기 때문에 아직 우리 곁에는 전문성을 띤 카페 스탭이나 멘토가 존재하지 않는다는 점을 잊어서는 안 된다.

카페가 성장하고 회원들이 각양각색의 질문을 쏟아내기 시작하면 매니저로서 당연하게도 답변을 달아줘야 하는데, 이때 답변이 달리는 시간이나 답변의 질이 낮다면 회원들이 우리 카페에 대한 기대치가 낮아지는 효과가 있기 때문이다.

하지만 이미 알고 있는 분야든 아직 모르는 분야든 관심이 있기 때문에 네이버 카페를 만들었으므로 앞으로 이런 관심을 키워나가고 스스로 공부하여 회원들에게 도움이 되는 매니저가 되길 바란다.

회원 수 수십만 명의 카페 매니저와 얼마나 소통해 봤는가? 그들의 닉네임을 일일이 다 기억하는가? 아마 그렇지 않을 것이다. 매니저 역시 카페의 일부일 뿐이며, 자연스럽게 회원들과 섞여서 소통하는 것이다. 만약 수만 명이 매니저만 찾는다고 생각해 보자. 하루 종일 댓글이나 답변만 달다가 하루가 끝날 것이다.

물론 카페의 규모나 성격에 따라서 매니저의 커뮤니티 참여도가 다를 수는 있다.

전적으로 매니저의 역량으로 운영되는 카페들을 예로 들어보자. 이미 해당 분야의 전문가로서 온-오프라인을 통해 실적을 쌓고 그런 매니저의 실력과 실적을 회원들에게 공유하기 위한 컨셉의 카페라면 매니저의 글 하나하나가 회원들에게 꼭 필요하고 다들 그런 도움을 바라고 카페에 가입했을 것이므로, 매니저의 커뮤니티 참여도는 카페의 성장에 중요한 역할을 할 것이다.

하지만, 이런 카페라고 하더라도 대형화가 시작되면 혼자서는 수만 명의 카페 회원을 관리하는 것은 물리적으로 불가능하다. 초기 운영원칙과 컨셉에 충실하게 운영할 필요가 있으며, 단계적으로 카페 스탭이나 핵심 멤버들을 기용하여 운영할 계획을 세워야 한다는 뜻이다.

실제로 이와 같은 컨셉으로 운영되는 네이버 카페들을 살펴보면 대부분 매니저로 시작하여 성장한 뒤 부매니저, 스탭, 최고 등급의 회원 등으로 활동 영역을 넓혀주고 카페 내에서 부분적으로 매니저의 역할을 나눠서 활동하고 있음을 알 수 있다.

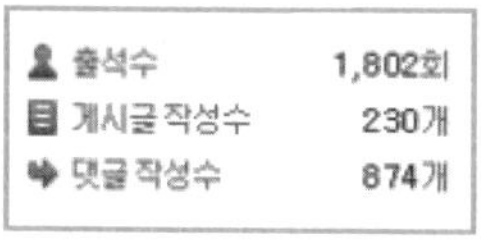

그림 1-25 **실제 운영 중인 네이버 카페의 활동량**

필자의 경우는 네이버 카페를 운영하면서 해당 분야에 대해 많은 공부가 되었으며, 지금은 그 누구보다 이 분야에 대해 전문가가 되었다고 이야기할 수 있을 정도로 회원들과 소통하고 있다.

그렇다면 매니저는 카페에 대해 어느 정도의 활동량과 기여도를 가지고 있어야 할까?

실제 필자의 활동 기록을 토대로 이야기해 보자.

카페개설 180일을 기준으로 한다면 하루 출석 평균 10회가 되겠다.

하루 24시간 중 일반적인 직장인의 업무 시간인 9시간을 기준으로, 매 시간 카페를 접속했다는 이야기가 된다. 실제로 카페를 개설하고 1~2개월 동안은 하루에 20번 이상씩 들어가서 체크하고 관리하고 새로운 콘텐츠를 제작했던 기억이 있다.

신생 카페 매니저는 최소한 하루 활동 시간 중 2시간에 한 번씩은 카페를 방문하여 일일 방문자 수를 확인하고 게시글에 달린 댓글에 답변을 달아줘야 한다. 만약 활동 시간 중 카페를 출석하기 어려울 경우는 어떻게 하면 좋을까? 개인적으로 남는 시간에 네이버 카페를 관리해야 할까? 답은 "NO!"다.

개인적으로 남는 시간에 카페를 관리하겠다는 마음가짐으로는 절대 신생 카페를 성장시킬 수 없다!

251	토끼가 싸우는 명장면.gif [2]	라온이	2017.01.21.	11
250	강호동 천하장사 클라스.gif [1]	라온이	2017.01.21.	12
249	파라핀 연기에 불을 붙여보았다.gif	라온이	2017.01.21.	7
248	개꿀 평생 직업 [1]	라온이	2017.01.21.	14
247	일본에서 유행중인 패션 [2]	라온이	2017.01.21.	13
246	계란말이 얼마에요?	라온이	2017.01.21.	8
245	생물학자들을 멘붕시킨 동물.gif	라온이	2017.01.21.	9
244	공짜로 인생을 종쳐드립니다.	라온이	2017.01.21.	6
243	돈가스 소스를 기억하라	라온이	2017.01.21.	9
242	보는 사람마다 결말 해석이 다른 짤	라온이	2017.01.21.	10
241	젊은이들과의 소통 명강의 [2]	라온이	2017.01.21.	11

그림 1-26 운영 중인 카페의 개설 기간이 1개월이 안 된 시점의 콘텐츠라고는 유머뿐이었다.

이는 마치, "내일부터 다이어트하겠다"라고 마음먹고 있는 것과 동일하다. 카페를 개설한 것은 헬스장에 등록한 것과 동일하다. 그 이상, 그 이하도 아니다. 나에게 찾아온 변화는 단 1그램도 존재하지 않는다. 헬스장에 등록했다고 자동으로 살이 빠지는가? 움직여야 한다. 무조건 빨리, 많이, 그리고 정성껏 말이다. 어떻게든 활동 시간 내에 카페에 접속해서 가벼운 유머글이라도 남길 수 있어야 한다.

특히 비전문 매니저는 전문적인 글을 쓰기 어렵기 때문에 이런 다양한 글을 남기는 활동이 필수적이다.

게시글을 살펴보면 하루 평균 1개 +@가 된다. 초반 1~2개월에는 이미지에서 보이는 바와 같이 하루에 유머를 10개 이상 올릴 때도 있었다. 무조건 시간을 내서 억지로라도 콘텐츠를 쌓아야 한다. 유머가 어떻게 콘텐츠가 될 수 있냐고? 유머를 보러 들어오는 회원도 있음을 잊지 말자. 모든 사람이 같은 목적으로 카페를 이용하지 않는다.

좋은글을 보러 왔다가 유머를 보며 체류시간을 늘릴 수도 있는 것이고, 유머를 보러 왔다가 좋은 정보를 얻어갈 수도 있다. 어떤 형태와 순서로 콘텐츠를 즐길지는 전적으로 회원들의 몫이다.

댓글을 살펴보면 하루 평균 4개 정도가 나온다. 댓글은 게시글과는 좀 성향이 다른데, 초반에 회원들이 없고, 회원들에 의한 게시글이 없

그림 1-27 실제로 댓글에 회원의 닉네임을 넣었더니, 글쓴이가 감사의 댓글을 즉시 남겼다.

을 때는 댓글을 작성하고 싶어도 작성할 수가 없다.

댓글이 본격적으로 효과를 발휘하는 시기는, 회원들이 가입을 하기 시작하고 가입인사를 남기는 시점이다.

그 누구보다 격하게 환영하라!

특히 가입한 회원들이 작성한 가입인사에 댓글을 남길 때는 회원들의 닉네임을 댓글에 포함시켜서 남겨주면 정성스러운 댓글이 만들어질 수 있다.

이처럼 매니저의 역할의 범위와 활동량을 결정하는 것은 카페의 초반 성장에 너무도 절대적이다. 매니저로서 이런 부분을 잘 정리할 수 있다면 이미 절반은 성공한 것이나 다름없음을 명심하고, 각자의 역할을 되새김해 보도록 하자.

Chapter 2

네이버 카페 0명에서 첫 단추 꿰기

2-1

1명, 1명에게 맞는 카페 운영 전략이 필요하다

좀 식상하게 들릴지 모르지만 네이버 카페를 개설하면 회원은 1명부터 시작이다.

필자가 카페를 만들기 전에 세상에는 나만의 네이버 카페가 존재하지 않았다. 그때는 0명이다.

우리는 이처럼 0명에서 시작한다는 각오를 해야 하며, 회원 수 1명이라는 숫자는 무에서 유를 창조했다는 기념비적인 숫자임을 잊어서는 안 된다. 우리가 매일 들어가는 대형 네이버 카페들은 이미 회원 수가 적게는 수만 명, 많게는 수십만 명에 육박하겠지만 그 카페들도 0명에서 시작했다는 점을 명심 또 명심하자.

하지만 이런 무한 긍정의 힘을 받아도, 아무도 내가 만든 카페에 대해 관심이 없다는 사실은 변하지 않는다. 그렇다면 긍정적인 생각 이후에 해야 하는 단계는 어떤 것일까?

바로 현재 나 자신과 내 카페 상태에 대한 '인정'이다. 1위는 추락할 일만 남았지만, 우리는 바닥이기 때문에 이제 위로 올라갈 일만 남은 것이다. 이 얼마나 기쁜 일인가? 이 또한 무한 긍정의 힘이라고 믿어 의심치 않는다.

초기 카페를 운영할 때 가장 기쁜 일은 무엇일까? 여러 가지 즐거운 일들이 있겠지만 가장 기쁜 일은 바로, 조금씩 회원이 증가하는 일이다. 이 기분은 마치 내가 운영하는 커피숍에 손님이 한 명씩 들어와서 우리 매장에 대해 인식하고, 눈도장을 찍는 기분이랄까? 이 기분은 네이버 카페를 만들고 회원을 늘려보지 않은 마케터는 절대 알 수 없는 것이다.

그렇다면 이렇게 매장에 들어온 손님에게 이제 주문을 받아야 한다. 그래야 매출이 오르고, 실질적으로 손님과 커뮤니케이션을 나눌 수 있기 때문이다. 우리 매장의 커피는 가격이 적당한지, 맛이 어떤지, 다음번에 다시 올 손님인지까지 모든 것은 주문을 기본으로 하고 있다.

온라인 카페도 마찬가지다. 카페의 초기 컨셉과 메뉴 구성을 확인 후 가입해도 되는 카페라고 생각하고 일단 가입을 했다. 그 이후에는 회원들이 어떤 행동을 하게 해야 할까?

바로 '글쓰기'다. 카페의 글쓰기는 매장에서 주문하는 것과 같다. 그 정도로 글을 쓰는 건 중요한 일이다. 글쓰기를 통해서 매니저와 소통하고, 자신이 원하는 바를 전달하기도 한다.

초기 카페는 회원 한 명 한 명이 정말 중요한데, 그들은 카페가 아무런 비전과 콘텐츠를 제공하지 않음에도 순수하게 자발적으로 가입하여 카페 활동을 하려는 사람들이기 때문이다. 초반 카페의 성공을 좌우하는 중요한 요소 중 하나이므로, 초기 회원 관리에 온 힘을 쏟자.

그들은 카페를 탐색하는 단계이다. 가입 후 최소한의 콘텐츠가 자신들에게 얼마나 도움이 되는지, 그리고 앞으로 올라올 콘텐츠를 기대해도 되는지, 쓸모없는 카페에 가입하진 않았을지 등 기본적으로 탐색을 실시한다.

그렇게 탐색을 완료하면 자신이 필요한 것들을 얻기 위해 카페에 글을 작성하려고 한다.

이때 가장 중요한 것이 바로 카페의 등급이다. 일반적으로 많은 매니저가 초기 카페를 운영할 때 대형 카페를 벤치마킹하는 과정에서 흔히 저지르는 실수 중 하나가 바로 과한 등급제도의 운영이다.

실제로 한 카페 매니저는 초기 카페 운영 시 컨셉을 '자유 가입'이 아닌 '매니저 승인 가입'으로 만든 사례도 있다. 그 이유는 해당 매니저가 기존 카페를 분석했을 때, 스팸성 광고글을 게시하는 사람들, 가입만 하고 활동량이 적은 사람들, 카페 운영 원칙에 어긋나는 행동을 하

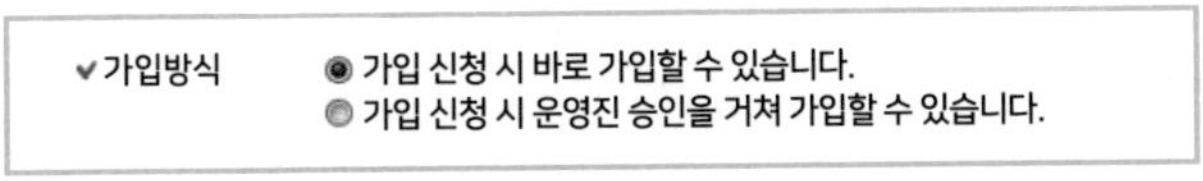

그림 2-1 네이버 카페 개설 시 해당 메뉴에서 선택을 통해 카페 절차를 설정할 수 있다.

는 사람들을 보면서 자신이 만드는 카페는 철저하게 컨셉에 맞는 사람들만 받아서 멋지게 운영해 보고자 하는 생각으로 자유 가입이 아닌 매니저 승인 가입 형태로 개설하게 됐다는 점이다.

물론, 대형 카페 중에서 이렇게 폐쇄적으로 운영하는 카페도 존재하는 것이 사실이다. 그 이후 스스로는 매우 뿌듯하게 생각했다고 한다. 본인 스스로가 면접관이 되어 내 공간에 들어오려는 사람들을 걸러서 받을 수 있다는 점에서 사장님이 된 기분까지 느꼈다고 하니, 그 기분이 얼마나 좋았을까? 그렇다면 그런 좋은 기분이 얼마나 유지될 수 있었을까?

네이버 카페는 블로그와는 다르다. 일단 가입이라는 허들을 거쳐야 하는데, 아무리 네이버 카페의 가입 허들이 심리적으로 낮다고는 하지만 신생 카페에 승인을 거치면서까지 가입하려는 사람은 그렇게 많지 않을 것이다.

실제로 생성 후 한 달이 지날 동안 전체 카페 회원 수가 30여 명을 넘지 못했고, 카페를 개설한 매니저는 결국 자유 가입 카페로 가입 절차를 변경했지만, 초반의 열정이 사라져 제대로 운영하지 못했던 사례이다.

그렇다면 이 매니저의 착각은 어디서 온 것일까?

바로 대형 카페와 자신의 카페의 현실적인 차이를 인정하지 못하고 전략을 잘 못 세운 것에 있다.

대기업과 이제 막 동네에 개업한 작은 가게는 영업 전략이 달라야 한다. 대기업은 이미 확보한 유통망을 기반으로 공격적인 판매를 진행할 수 있고, 필요하면 타겟 마케팅을 통해 필요한 고객들에게만 정보를 제공하여 최상의 서비스를 진행할 수 있는 여건이 된다.

이제 막 동네에 문을 연 작은 가게가 과연 대기업처럼 할 수 있을까? 어떻게든 자신의 가게를 홍보하고 한 명의 고객이라도 확보하여 첫 매출을 일으키는 데 온 힘을 쏟아야 할 것이다.

만약 당신이 동네에 여성 의류 가게를 오픈했다고 가정해 보자. 이제 막 가게를 열어 계절에 맞는 옷들을 들여오고 정리하여 예쁘게 진열해놓고 손님이 오기를 기다린다. 그런데 가게에 남자 손님이 들어와서 옷을 구경하는데, 우리 가게는 남자 손님은 받지 않는다며 그 고객에게 옷을 팔지 않을 것인가? 또는 아이가 매장에 들어와서 옷을 보는데, 엄마 데려올 거 아니면 그냥 나가라고 할 것인가? 누구도 그렇게 운영하지 않을 것이다.

남자 손님이 들어오면 일단 환영하면서 여자 친구는 없는지, 부모님께 선물하려고 하는지, 요즘 잘 나가는 디자인은 어떤 옷이 있는지, 우리 가게에서 판매하는 옷들이 얼마나 좋은 옷인지 알려주며 직접 구매 또는 홍보를 통한 간접 구매까지 유도하려고 최선을 다할 것이다.

네이버 카페도 마찬가지다. 비회원이 우리 카페에 들어와서 가입을 지 않아도 볼 수 있는 콘텐츠가 있어야 한다. 모든 게시물이 가입 후 볼 수 있는 것이라고 한다면 비회원 방문자가 가입할 만한 가치를 느끼지 못하면 가입으로 이어지지 않기 때문이다. 카페의 컨셉에 맞는 최소한의 정보는 비회원이라고 할지라도 확인할 수 있도록 열어둬야 하며, 이보다 조금 더 가치가 있는 글들, 예를 들어 매니저가 직접 작성한 칼럼이나 정보 등은 회원 가입 후 볼 수 있도록 해야 하는 것이 맞다.

마케팅 전략에서 가장 중요하게 생각하는 것이 바로 '최초 구매'다.

고객이 우리 상품을 직접 구매하는 데 망설이는 포인트를 제거하고, 실제로 우리 제품의 일부(또는 일정 기간 등)를 사용하게 함으로써 고객의 환경에 '변화'를 줄 수 있게 하는 전략이다.

여기서 '변화'란 무엇일까?

변화란 어떠한 경험을 통해 생각이나 의식이 바뀐 후 이전 상태의 모습으로 되돌아가지 못함을 의미하는데, 제품을 써본 뒤 개선된 점을

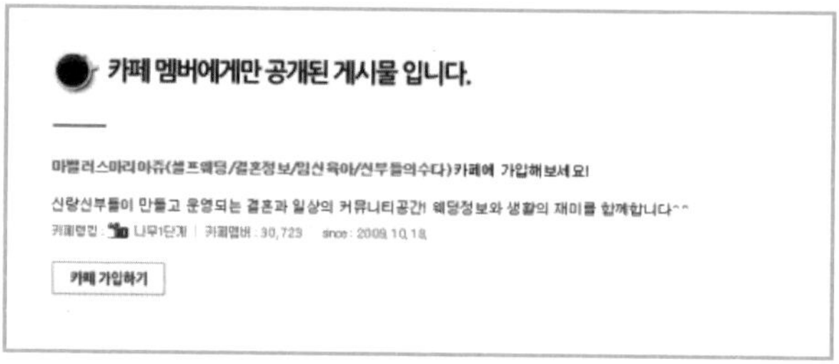

그림 2-2 이런 화면을 고객이 필요한 정보에 맞게 노출시키는 것이 핵심 포인트다.

통해 더 좋은 환경을 만들고자 하는 인간의 본능이다.

네이버 카페 회원가입이 이런 '변화'를 이야기하기에는 조금 이른 감이 있지만, 일단 이 카페에 가입해야 하는 이유를 분명히 제공해야 한다는 뜻이다.

그렇다면 이제 비회원 멤버가 '카페멤버에게만 공개된 게시물입니다'라는 화면을 만나게 되었다. 여기서 선택지는 두 가지로 나뉜다. 지금까지의 짧은 경험을 바탕으로 이 카페에 가입해도 된다는 생각이 든다면 [카페 가입하기] 버튼을 눌러서 가입신청 메뉴로 이동하게 될 것이다. 그리고는 주저하지 않고 가입양식에 맞게 글을 작성한 뒤 방금까지 비회원 신분이라서 확인하지 못했던 게시글을 읽으러 이동하려고 할 것이다.

또 한 가지는 안타깝게도 카페 가입에 대한 니즈가 부족하거나, 굳이 가입하면서까지 게시글을 읽을 필요성을 못 느끼는 회원의 경우 그대로 카페를 "Exit" 해 버릴 것이다.

이렇게 한 번 빠져나간 회원은 당분간 우리 카페에 가입할 확률이 매우 적다고 생각하면 된다.

이는 마치 매장을 방문했는데 그 매장에 자기가 필요한 상품이 없어서 제품을 구매하지 않고 그냥 발걸음을 돌린 상황과도 같다. 그렇게 한 번 발걸음을 돌린 고객이 다시 그 매장에 방문하여 제품을 구매하는 게 매우 어려운 것과 일맥상통한다.

자 그렇다면, 가입하려는 비회원 멤버가 가입을 위해 필요한 양식을

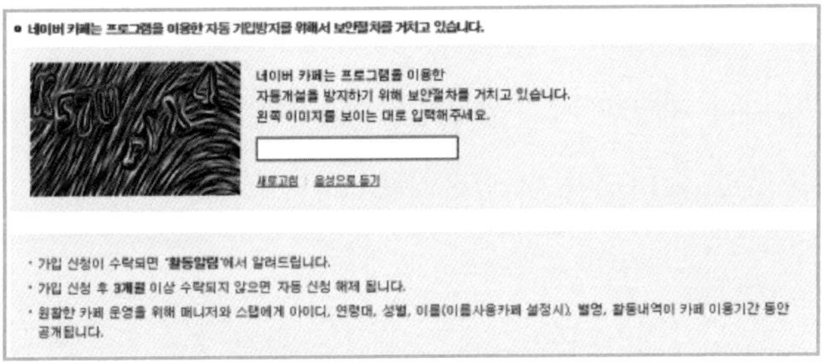

그림 2-3 귀찮은 보안절차까지 감수하며 가입하려는 순간 맞닥뜨리는 '가입 수락' 텍스트

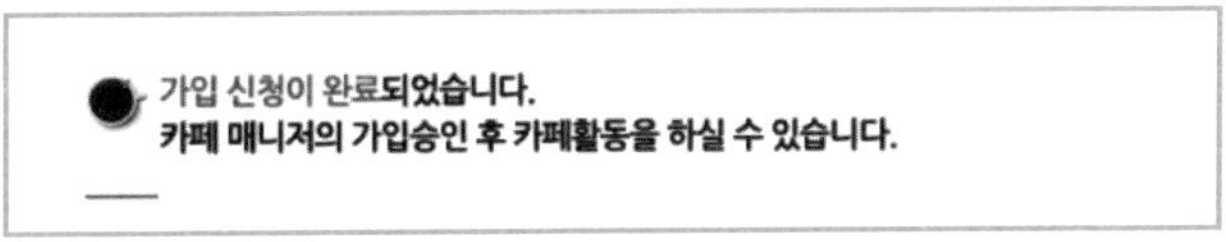

그림 2-4 지금 당장 필요한 정보를 확인하고 싶은 회원에게는 절망적인 메뉴가 아닐 수 없다.

입력했다. 그런데 만약 해당 카페가 승인이 필요한 카페라면 어떤 일이 벌어질까?

이런 메뉴들을 만나게 되는데, 요즘 인터넷에서는 필요한 정보를 검색만 하면 어느 정도 양질의 자료나 정보를 확인할 수 있는 시대가 되었기 때문에, 카페에서 회원가입을 유도하는 글 자체가 가진 힘이 정말 대단하지 않다면 보통은 [그림 2-3]의 '가입신청이 수락되면'이라는 문장을 보고 뒤돌아서 카페를 꺼버릴 것이다.

두 번째로 카페의 규모도 이런 결정을 하는 데 많은 영향을 끼친다. 대형 카페라면 아까 앞서 설명했듯이 심리적인 안정이나 기대치를 얻을 수 있기 때문에 번거로움을 극복하고 승인을 받으려 할 수도 있고, 반대로 '얼마나 대단한 카페면 승인을 받아야 할까?'라는 기대도 가지며 승인을 참고 기다려줄 수 있을지도 모른다.

하지만 지금 가입하려는 카페는 많게는 회원 수가 두 자리, 적다면 한 자리인 카페라는 부분을 잊어서는 안 된다. 이럴 경우 부작용이 발생하는데 '무슨 깡으로 가입을 이렇게 만들어놨어?'라고 생각하여 바로 카페를 나가버리게 된다. 백 번 양보하여 가입했다고 치더라도, 당장 원하는 콘텐츠를 확인할 수 없기 때문에 가입신청을 남겨놓고 카페를 나가버리게 된다.

그림 2-5 실제 승인 가입 형태로 운영되는 일부 카페의 현 상황

그리고는 자신이 그 카페에 가입신청을 했는지 잊어버리고 살다가 오랜 시간이 지나 카페를 방문하면 그 카페는 여전히 성장을 못 하고 회원 수 두 자리 정도에서 머물게 됨을 확인하고 탈퇴해버리는 악순환이 발생할 수 있다.

[그림 2–5]의 카페 역시 방금 말한 대로 처음에 열정이 넘치게 만들었을 것이다.

2014년이면 벌써 최소 3년은 더 지난 카페인데 회원 수가 보이는가?

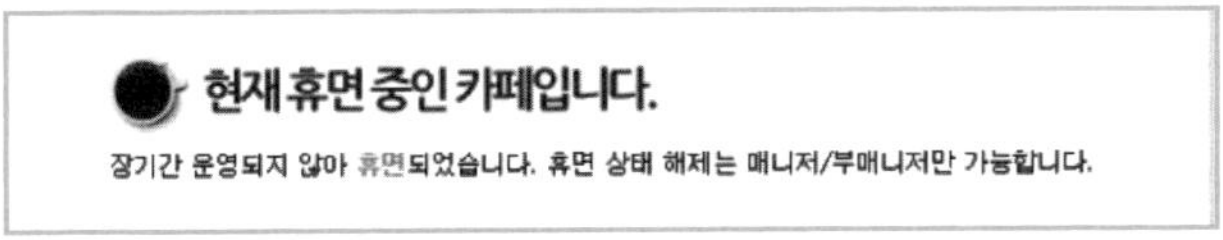

그림 2-6 당신이 만들고자 하는 또는 현재 만들어진 카페가 이렇게 되지 않는다고 장담할 수 있는가?

여전히 한 자릿수다. 이런 카페가 네이버에는 수천, 수만 개가 존재하는데 당신이 만드는 카페도 이렇게 만들어서 방치할 것이 아니라면 다시 한번 가입 절차가 얼마나 중요한지 깨닫기를 바란다.

그리고 이런 상태로 카페를 방치하면 만나게 되는 카페 타이틀을 공개한다. 당신이 만들고 운영하고자 하는 카페는 절대 이런 타이틀을 달지 않기를 바란다.

2-2

실패의 경험을 기억하라

앞서 많은 실패 사례들을 소개했지만 이 외에도 네이버 카페가 망하는 사례는 너무 다양하고, 당신이 생각하는 것보다 '빨리' 망하는 게 현실이다. 이번에는 네이버 카페를 통해 마케팅하려고 하는 사람들은 대부분 한 번씩은 가지고 있을지도 모르는 망한 카페에 대한 기억을 떠올려보려고 한다.

앞서 설명했던 뼈아픈 실패의 기억을 이번에 이야기하려고 하는데, 필자 역시도 처음부터 승승장구하며 네이버 카페를 성공적으로 이끈 것은 아니다.

그럼에도 불구하고 왜 네이버 카페일까?

만약 당신이 디지털노마더가 되기 위해 사업한다고 생각해 보자. 너무 좋은 아이디어가 있고, 실행만 하면 성공할 것 같은 느낌도 강하게

든다. 실행하려면 자본이 있어야 한다. 오프라인 비즈니스라면 더 말할 것도 없고, 온라인상에서도 광고를 해야 사람들에게 내 아이디어를 알릴 수 있을 것이다.

실제로 우리가 매일 보고 있는 네이버 메인 배너의 광고 비용이 하루에 대략 얼마 정도 할 것 같은가? 1억 원을 우습게 호가한다. 그렇다면 이런 자본 압박을 극복하기 가장 좋은 온라인 플랫폼은 무엇일까?

그것이 바로 네이버 카페다. 이미 네이버라는 큰 양식장 안에 수천만의 회원이 존재하고, 그들은 최소 며칠에 한 번씩 네이버를 방문한다. 카페의 또 다른 장점은 장소의 구애를 받지 않기 때문에 내가 원하는 장소에서 언제 어디서나 구축할 수 있다는 것이다.

또한 구축 후 별도의 임대료나 유지비 등 초기 사업비가 발생하지 않는다는 것은 디지털노마더에겐 엄청나게 큰 축복임이 틀림없다. 회원들이 가입하면 수치가 눈에 띄게 증가하고, 장기전에 실패하여 카페를 키우지 못한다고 하더라도 큰 금전적 손실 없이 시간적 기회비용을

그림 2-7 **하루 노출 기준으로 1억 원 이상의 광고비가 들어가는 네이버 메인 배너**

조금 허비하기 때문에 일반인 입장에서는 손쉽게 런칭이 가능하고 필자가 알려주는 방법대로 노력만 한다면 초기에 안정적으로 성공한 플랫폼을 구축할 수 있게 된다.

처음 네이버 카페를 만들었을 때는 마케팅 채널이 아니라 순수 나만의 카페를 통해 자료를 업로드하는 자료실 형태로 카페를 기획하고 개설한 적이 있다.

사실 그 당시에는 다른 사람이 해당 카페에 가입하는 것을 바라지 않았고, 그렇기 때문에 여러 가지로 고려해야 하는 사항이 적었던 것이 사실이다.

그렇다면 이런 형태의 카페는 문제가 어떤 것일까?

다른 컨셉의 카페와 마찬가지로 매니저(본인)의 의지가 약해지면 자

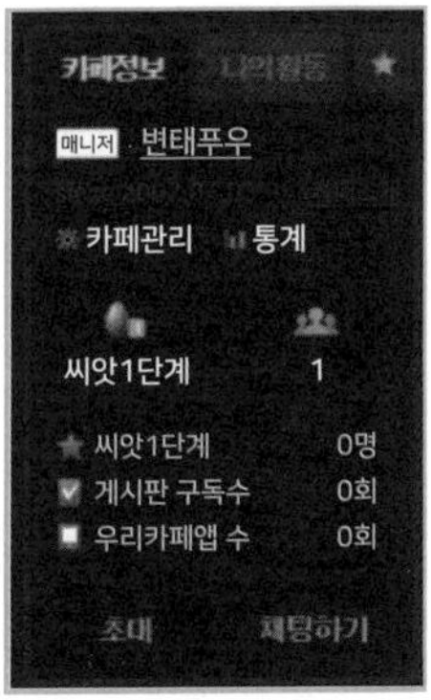

그림 2-8 **첫 번째 네이버 카페 생성 실패 화면**

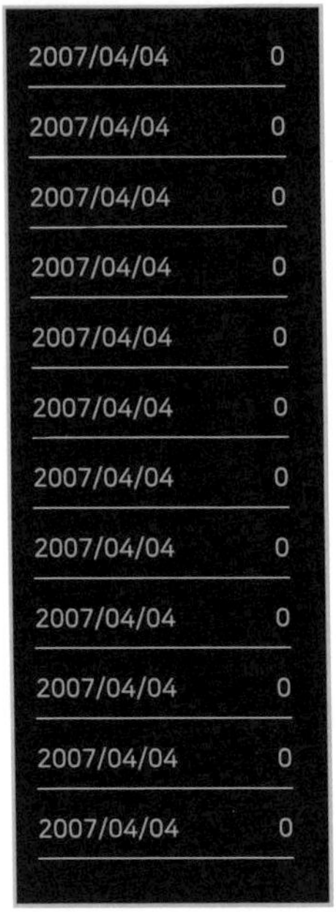

그림 2-9 **게시글을 올린 시기와 처참한 조회 수**

료실 형태조차 큰 의미가 없어진다는 것이다. 부끄럽지만 한 번 공개해 보기로 한다. 당신은 절대 이런 형태로 카페를 운영해서는 안 된다는 점을 명심해 달라.

매니저 '변태푸우'가 바로 본인이다. 닉네임은 그냥 이해해 줬으면 좋겠다. 지극히 개인적인 취향이므로!

만든 시기를 보자. 2007년 4월이다. 벌써 11년 전으로 회원 수를 확인해 보자.

1명이다. 10년이 넘게 지나도 카페 회원이 1명인데 이게 현실이다. 비공개 카페 아니냐는 의심을 할 수 있지만 그렇지 않다. 당신이 만든 카페도 운영에 실패하면 10년 후 이런 모습이 될 수 있다.

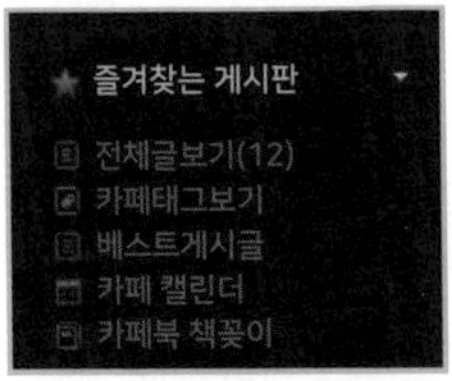

그림 2-10 **전체 게시글 수가 12개뿐이다.**

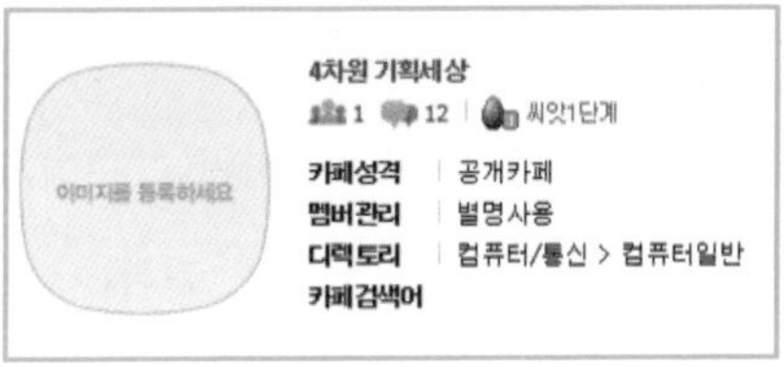

그림 2-11 카페는 검색에 노출되는 '공개카페'로 되어 있다.

그렇다면 이제 카페의 내용을 살펴보자.

전체 게시글의 숫자는 12개다. 게시글의 수보다 중요한 것은 바로 게시글을 올린 날짜다.

앞서 누누이 지적한 운영에 미숙한 매니저들이 저지르기 가장 쉬운 대표적인 실수를 모두 저지르고 있다. 바로 카페 개설 직후 열정적으로 콘텐츠를 올리지만 뒷심을 발휘하지 못하고 며칠 후부터 관리가 소홀해지는 용두사미형 관리자의 스타일이다.

카페 생성 날짜를 확인해 보면 2007년 4월 3일이다. 게시글의 업로드 날짜를 확인해 보자.

2007년 4월 3일에 7개, 4월 4일에 5개 업로드하여 총 12개의 게시글이 올라가 있는 상태다.

그 후 10년 동안 단 한 개의 글도 업로드되지 않았다. 더욱 놀라운 사실은 바로 12개 게시글의 조회 수다. 모두 0이다. 글 작성자는 게시글 조회 수에 카운팅되지 않는다는 시스템을 고려하면 10년 동안 그 누구도 해당 게시글을 읽지 않았다는 점에 놀라지 않을 수 없다.

10년 전 필자 개인 공부를 위해 만들었지만 아무리 그래도 10년간 조회 수가 0이라니……. 당신은 지금 너무도 귀한 카페 실패 사례를 보고 있는 것이다.

물론 게시글 자체는 멤버에게만 공개되도록 해놨기 때문에 검색을 통해 들어온 사람들에게는 가입된 멤버만 볼 수 있다는 화면이 출력되었을 것이다. 하지만 10년 동안 그 누구도 가입신청 버튼을 누르지 않았다는 점은 바로, 초기 카페의 컨셉과 멤버 유치가 얼마나 쉽지 않은 일인지 다시 한번 느끼게 해 주는 중요한 자료가 아닐 수 없다.

앞서 초기 카페의 운영자들이 흔히 하는 실수를 통해 실패하는 카페들에 대한 이야기를 구구절절 늘어놓았는데 가장 최악의 실패 사례를 통해 당신이 더욱 쉽게 이해할 수 있게 되었으리라 생각한다. 10년간 1명도 가입하지 않은 공개카페, 그리고 12개의 콘텐츠가 0의 조회 수를 유지할 수 있던 비결은 바로 매니저의 초기 열정이 단 3일을 넘기지 못했기 때문이다.

그리고 또 하나 공개할 실패 사례가 있다. 이 카페 역시 필자가 운영하던 카페로, 이전의 카페보다는 조금 더 운영하였지만 결과적으로 운영에 실패한 사례이다.

해당 카페는 앞서 보여준 카페와는 다르게 폐쇄적인 운영 컨셉을 따르지도 않았으며, 여러 사람과 소통하기 위해 만든 카페임에도 불구하고 결국 실패하였다. 이 카페를 더욱 의미 있는 실패 자료로 사용하게 하는 것이 있는데, 이 카페는 단순 커뮤니티를 지향하고 만든 것이 아니라 '마케팅'적으로 카페를 운영하기 위해 만들었다는 점이다. 그런데도 처참히 실패한 이유를 지금부터 공개하도록 하겠다.

카페는 2009년 4월, 첫 번째 카페가 망한 뒤 정확히 2년 후 만들어졌다. 총 회원은 현재까지 8명, 이전에 카페 회원 수가 두 자리까지 올라갔던 기억이 있는데 카페가 운영되지 않자 회원들이 떠났고 현재는 한 자리까지 떨어졌다.

그림 2-12 **두 번째로 실패한 카페 운영**

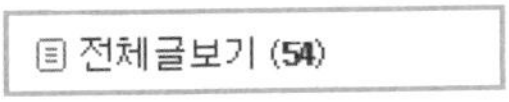

그림 2-13 **전체 게시글 수는 카페 운영의 기본 척도이다.**

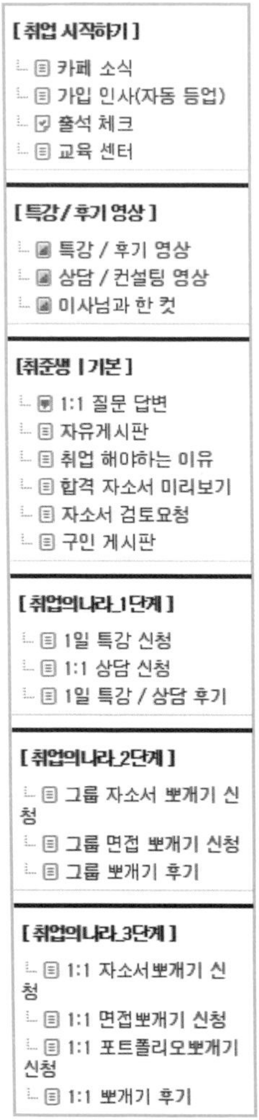

그림 2-14 **카페의 메뉴 구성을 통해 당시 카페를 어떤 목적으로 만들었는지 추측 가능하다.**

카페의 전체 게시글은 54개로 그렇게 많은 편은 아니다. 이 부분을 보고 당신이 체크해야 하는 포인트가 무엇인지 다시 한번 생각해 보길 바란다.

카페의 메뉴를 살펴보자.

단계별로 나뉘어 있으며, 겉보기에는 큰 문제 없어 보인다. 그렇다면 이 카페는 왜 망한 것일까? 지금부터 하나씩 살펴보도록 하자.

두 번째 카페가 망한 이유는 너무나 단순하다.

1. 첫 번째 카페가 망한 뒤 2년이 지나는 시점 동안 망한 이유에 대한 자각을 하지 못했다.

망한 이유에 대한 분석과 자각이 없었던 가장 큰 이유는 첫 번째 카페는 지극히 개인적인 공간으로 만들었기 때문에 문제에 대한 인식이 부족했다. 그렇기 때문에 두 번째 카페의 컨셉을 마케팅으로 잡았음에도 불구하고 2년 전과 크게 달라지지 않은 태도로 카페를 개설하게 된 점이 바로 가장 큰 실수가 아닐까 싶다.

2. 여전히 용두사미, 열정에 비해 관리 능력의 부족이다.

필자뿐만 아니라 그 누가 자신의 카페를 만들 때 열정이 없을까? 두 번째 카페를 창설할 때도 필자 역시 열정 가득한 마음으로 만들었다. 특히 카페의 성격을 이제 개인에서 마케팅을 위한 카페로 정했으니, 그 기대가 얼마나 컸을까?

하지만 운영 경험이나 지식이 부족한 상태에서는 초기 카페가 제대로 운영될 리 없었던 것이다. 초기 카페는 양질의 자료를 올리는 것이 가장 기본이긴 하지만 그것이 전부는 아니다. 그 당시에는 그것을 몰랐다. 양질의 자료를 올린다는 것은 반대로 말하면 그만큼 자료를 준비하는 데 있어서 많은 시간과 에너지를 쓴다는 뜻이다.

그런데, 필자가 그렇게 애써서 올린 자료를 사람들에게 알릴 방법을 그 당시에는 알지 못했다. 그렇다면 그 뒤에 찾아오는 심리적 감정은 어떤 것이 있을까? 바로 '실망'이다. 왜 사람들은 내 글에 관심이 없을까? 카페 회원이 늘지 않는 날이 매일 이어지고, 조회 수도 올라가지 않으며, 댓글도 달리지 않게 되면 매니저는 지치고 실망하게 된다. 그렇게 되면 자연스럽게 카페 관리에 소홀하게 되고 카페는 망하게 되는 것이다.

3. 초기 메뉴가 너무 많았다.

카페 메뉴의 이미지를 확인해 보자.

그럴듯하게 탭을 구성해서 메뉴를 나누고, 단계별로 필요한 항목으로 구성되어 겉보기에는 큰 문제를 못 느낄 수도 있다. 하지만 앞서 글을 정독한 사람이라면 바로 문제를 찾을 수 있어야 한다.

바로, 초기 카페치고 메뉴가 너무 많다는 것이다. 앞서 필자는 초기에 메뉴를 너무 많이 구성하면 카페 매니저 혼자서는 모든 메뉴를 다 관리하기 어렵다고 말한 적이 있다. 바로 그 문제를 지금 당신은 필자의 실패 사례를 통해 눈으로 확인하고 있는 것이다. [가입인사]부터 [1:1뽀개기 후기]까지 총 게시판의 숫자를 세어보도록 하자. 몇 개인가?

22개이다. 만약, 내가 하나의 게시판에 매일 1개의 게시글을 올린다고 가정해 보자. 매일 22개의 글을 올려야 게시판의 콘텐츠의 수량을 확보할 수 있을 것이다.

1개의 질 높은 콘텐츠 게시물을 작성하는데 보통 10~30분의 시간을 쏟는 것이 일반적이지만 여기서는 최소한 10분 정도로 잡고 계산해 보도록 하겠다. 글 1개 작성하는데 10분씩, 22개를 작성하려면 220분, 그러니까 적어도 3시간 40분이 소비된다.

매일 3시간 40분을 투자해야 카페의 콘텐츠를 풍성하게 만들 수 있다는 이야기인데, 필자는 현실적으로 이것이 불가능하다고 생각한다.

본업을 가지고 있는 초기 카페의 매니저가 하루에 네이버 카페에 투자할 수 있는 시간은 많아야 퇴근 후 평균 1시간 정도인데 이마저도 열정이 있을 때나 가능한 투자 시간이다.

총 게시글 수가 54개, 하루에 모든 게시판에 글을 평균적으로 1개씩 썼다고 가정하면 3일 정도 열심히 운영하다가 포기했다고 생각하면 된다.

첫 번째 카페와 크게 다르지 않다. 여전히 본질적인 문제에서 벗어나지 못하고 있다.

필자가 현재 운영하는 네이버 카페를 성공시킬 수 있었던 이유는 이런 실패 사례를 되돌아보고 분석하여 문제점을 찾아 지금은 그런 실수를 하지 않기 때문이라고 생각한다. 당신도 만약 기존에 실패한 사례가 있다면, 잊지 말고 그 이유를 꼭 분석해 보길 바란다.

2-3

시장조사가 절반이다

앞에서는 실패에 대한 처절한 반성과 되돌아보는 시간을 가졌다.

이번에는 컨셉을 잡기 위해 필요한 온라인 타겟 시장조사에 대한 설명에 앞서 어떤 형태로 시장조사를 진행해야 실패를 막을 수 있는지 이야기해 보도록 하자.

시장조사는 온라인 네이버 카페를 개설하지 않더라도 회사에서 새로운 사업을 진행한다거나 개인적으로 창업을 할 때 꼭 필요한 요소이다.

시장조사는 정말 너무나도 중요한 요소이다. 그 이유는 시장조사로 인해 내가 개설하고자 하는 네이버 카페가 성공하거나 망하거나 둘 중 하나로 결정되기 때문이다. 시장조사라는 것을 처음부터 어떻게 해야 할지, 어디서부터 해야 할지 정하지 못했다면 이것부터 해 보길 권장한다.

1. 자신이 만들고자 하는 네이버 카페의 정의

앞서 우리는 이미 카페 기획서를 통해 이 부분을 어느 정도 해결했다고 이야기할 수 있다. 다만, 시장조사에 앞서 다시 한번 자신의 네이버 카페에 대한 2차 분석이 이루어져야 한다. 만약 당신이 카페 기획서를 완성했다고 하자. 그 이후 며칠이나 지나서 시장조사를 진행하게 되었을까? 이틀? 일주일? 한 달? 가장 좋은 기간은 일주일 정도 기획서를 묵혀둔 뒤 다시 한번 꺼내어 보는 것이다.

기획이란 그 순간에는 괜찮아 보였을지 몰라도 시간을 두고 다시 한번 찬찬히 읽어보면 그 당시에 왜 그렇게 기획했는지에 대한 의구심을 다시 한번 상기시킬 수 있다. 이 부분을 거치지 않으면 흔한 오류나 논리적 함정을 발견하지 못한 상태로 온라인 비즈니스 마케팅을 시작하게 되는데, 이렇다면 승패는 불 보듯 뻔하다.

2. 컨셉이 겹치는 네이버 카페를 규모순으로 정리

당신이 만들고자 하는 카페는 이 세상에 하나뿐인 네이버 카페이긴 하지만, 하나뿐인 컨셉의 카페는 아닐 것이다. 이미 네이버에는 수십만 개의 카페가 개설되어 있고, 컨셉에 따라 다르겠으나 적어도 경쟁 카페가 규모별로 최소 10개 이상 존재할 것은 자명한 사실이다. 물론 시대의 흐름을 빠르게 선도하여 아직 대형 규모의 카페가 없을 수는 있지만 이런 경우는 흔치 않으며, 온라인마케팅 초보인 당신에게 이런 행운이 찾아오길 기다리는 건 바람직하지 못하다.

자, 지금 당장 네이버에 접속하여 카페 메뉴로 들어가 당신의 컨셉을 검색해 보자. 그리고 가장 큰 3개의 틀로써 카페의 규모와 상태를 점검한다.

첫 번째, 바로 회원 수다.

카페 컨셉에 따라 차이가 있겠지만, 기본적으로 분류하자면 이렇다.

회원 수 10만 명 이상 = 대형 카페

회원 수 1만 명 이상 = 중형 카페

회원 수 1천 명 이상 = 소형 카페

회원 수 1천 명 미만의 카페는 특별한 경우가 아니라면 경쟁 카페에 포함시키지 않는다.

우리가 하려고 하는 것이 바로 신생 카페를 회원 수 1천 명 이상의 소형 카페로 안정적으로 안착시키는 데 있으므로 가장 많은 정보를 얻어야 하는 곳이 바로 회원 수 1천 명 이상의 소형 카페들이다.

그렇다면 이 외에 시장조사에 필요한 조건들은 또 어떤 것들이 있을까?

그림 2-15 **카페 메인에 since로 표시된 곳이 바로 개설일이다.**

출처: 레몬테라스

두 번째, 카페의 개설 시기다.

카페의 개설 시기는 카페의 역사를 한눈에 알 수 있도록 한다.

앞서 살펴보았던 회원 수와 비례해서 확인해 볼 수 있는 중요한 정보인데, 예를 들어 카페 회원이 10만 명인 카페의 개설일이 5년 전이라면 이 카페의 연간 가입 회원의 숫자를 추측해 볼 수 있다.

대략 1년에 2만 명이 가입했다고 생각할 수 있는데, 이는 월별로 구분했을 때 대략 평균 1천 초중반의 가입자 수를 역산할 수 있다.

여기서 당신이 만들고자 하는 카페 회원의 숫자를 어느 정도 기간에 도달할 수 있을지 계산할 수 있으므로, 참고하도록 하자. 또 한 가지 정보를 주자면 해당 카페의 since를 클릭하면 연혁 및 자세한 카페 기록을 확인할 수 있다.

이번 항목에서는 샘플 자료로 네이버 대표 카페인 레몬테라스의 연혁을 살펴보도록 하자.

레몬테라스는 네이버를 대표하는 인테리어 카페이자 맘카페로 200만

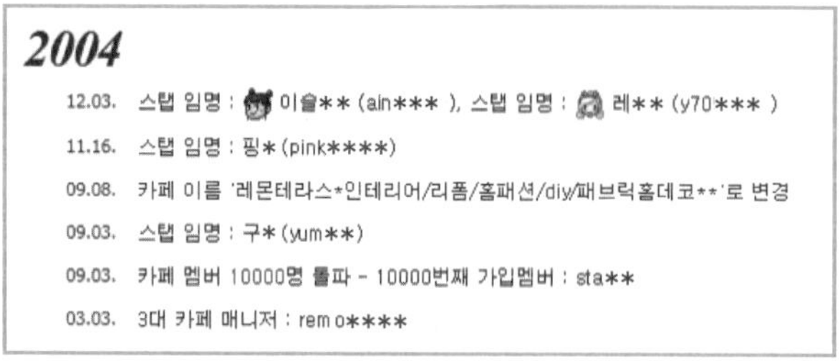

그림 2-16 **레몬테라스 카페의 개설 정보**

이상의 회원을 보유한 네이버 대표 카페이다.

레몬테라스의 경우 2004년 2월 26일에 카페를 설립했다는 정보를 알 수 있다. 약간 다른 이야기를 하자면 요즘 네이버 카페를 매매하는 경우가 많은데, 연혁 정보의 확인을 통해 해당 카페의 매매 여부도 어느 정도 확인이 가능하니 참고하자.

앞서 확인할 수 있는 중요 정보로는 2004년 2월에 개설한 뒤 9월에 카페멤버가 1만 명이 돌파된 사실을 확인할 수 있다. 대략 반년 만에 1만 명을 돌파한 숫자니 그 속도가 대단하다.

카페 이름은 현재와 크게 다르지 않은 레몬테라스를 유지하고 있으며, 이는 특정 기업이나 다른 목적으로 컨셉을 바꾸기 위해 카페를 매매하지 않았을 확률이 높음을 뜻한다. 이런 재미있는 사실들을 하나씩 확인하면서 시장조사를 진행하다 보면 어떻게 카페를 운영해야 할지 머릿속으로 구체적인 아이디어들이 샘솟는 자신의 모습을 발견할 것

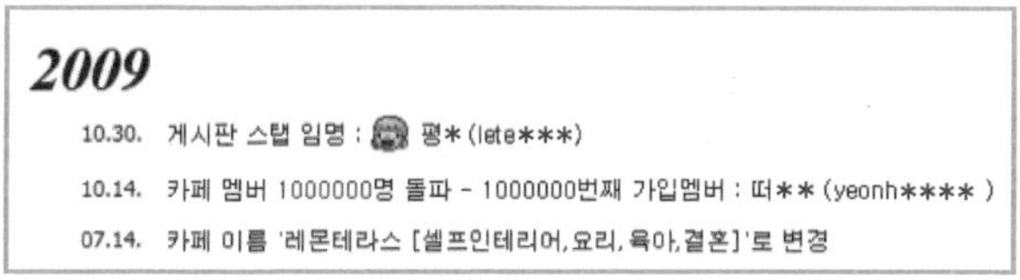

그림 2-17 **개설 5주년의 레몬테라스 카페 정보**

이다. 레몬테라스를 조금 더 살펴보도록 하자.

2009년 10월 카페멤버가 100만 명을 돌파했다. 개설한 지 6년이 조금 안 된 시기이므로 1년에 대략 20만 명, 한 달에 1만~1만 5천 명 정도가 가입했음을 예측할 수 있다. 카페가 유명해질수록 가입자 수는 빠르게 증가하므로, 각 연도별 가입자 추이를 꼭 확인하고 자신의 카페 운영에 참고할 수 있도록 하자.

2009년의 카페 연혁에서 또 중요한 한 가지는 바로 카페 이름의 변경이다. 카페 이름을 좀 더 간결하고 목적에 맞는 [셀프인테리어, 요리, 육아, 결혼]으로 변경했다.

이는 레몬테라스가 인테리어에 관심을 가지는 여성을 본격적으로 타겟팅하고 있음을 알 수 있다. 카페는 살아 있는 생명체와 같으므로, 목적과 컨셉에 맞게 그때그때 운영 방식을 변경하고 적용해야 살아남을 수 있다.

2012

11.10.	전체 게시판 스탭 임명 : 평* (lete***)
11.07.	전체 게시판 스탭 임명 : lte***
10.23.	신입맞이 스탭 임명 : 레테** (r_te**), 이벤트 스탭 임명 : 레테** (r_te**)
09.10.	전체 게시판 스탭 임명 : r_te** , 멤버등급 스탭 임명 : r_te**
08.31.	신입맞이 스탭 임명 : 복숭아** (miss***), 전체 게시판 스탭 임명 : 복숭아** (miss***)
08.17.	전체 게시판 스탭 임명 : 알* (r_ca**), 멤버등급 스탭 임명 : 알* (r_ca**)
08.16.	전체 게시판 스탭 임명 : soi* (yuri**), 전체 게시판 스탭 임명 : 도** (bubb***), 멤버등급 스탭 임명 : 도** (bubb***), 멤버등급 스탭 임명 : soi* (yuri**)
07.06.	멤버등급 스탭 임명 : 사랑***** (hane***), 멤버등급 스탭 임명 : 리빙** (ekb5**), 멤버등급 스탭 임명 : 한** (gks****)
07.02.	전체 게시판 스탭 임명 : 리빙** (ekb***), 전체 게시판 스탭 임명 : 한** (gks****), 전체 게시판 스탭 임명 : 사랑***** (hane***)
06.25.	이벤트 스탭 임명 : 레테** (iluvs**), 디자인 스탭 임명 : 레테** (iluvs**)
06.21.	신입맞이 스탭 임명 : lte** , 디자인 스탭 임명 : lte** , 이벤트 스탭 임명 : lte** , 전체 게시판 스탭 임명 : lte**
05.31.	전체 게시판 스탭 임명 : 나눔****** (happ*****), 전체 게시판 스탭 임명 : 나* (med**), 멤버등급 스탭 임명 : 나* (med**), 멤버등급 스탭 임명 : 나눔****** (happ*****)
05.30.	신입맞이 스탭 임명 : iluv** , 전체 게시판 스탭 임명 : iluv** , 멤버등급 스탭 임명 : iluv**
05.03.	개별 게시판 스탭 임명 : 행복** (med**)
02.07.	전체 게시판 스탭 임명 : 복숭아** (smu***), 멤버등급 스탭 임명 : 복숭아** (smu***)
02.06.	개별 게시판 스탭 임명 : 복숭아** (smu***)

그림 2-18 2012년 레몬테라스 카페의 스탭 임명과 운영 방식

2012년의 레몬테라스는 이제 네이버를 대표하는 인테리어 맘카페로 본격 궤도에 올랐다고 볼 수 있다. 이 정도 규모의 카페는 더 이상 매니저 혼자 또는 소수의 관리자로는 정상적인 운영이 불가능하며, 이미 광고 수익을 통해 하나의 기업이라고 봐도 된다.

레몬테라스는 연초부터 각 게시판의 스탭을 임명, 변경하며 끊임없이 노력한 모습을 확인할 수 있다.

각 스탭의 영역은 다른 장에서 자세히 다루도록 할 예정이므로, 이 장에서는 레몬테라스의 스탭 임명을 시장조사용으로 참고만 하도록 하자.

이렇듯 대형 카페는 하나의 기업처럼 조직적이고 체계적으로 운영되지 않으면 매일 올라오는 게시글과 광고성 글들 때문에 카페가 깨끗하게 유지되기 어렵다. 대표적인 카페인 레몬테라스의 생성과 발전 과정을 통해 카페 시장조사 방식 중 두 번째인 since 분석에 대해 알아보았다.

세 번째, 카페의 N배지를 확인한다.

앞서 분류한 카페들의 활동량을 체크하는 N배지(NEW) 확인 방법을 통해 현재 해당 카페의 활성화 지표를 측정할 수 있다. 앞서 살펴보았던 레몬테라스의 N배지 지표를 활성화를 확인해 보도록 하자.

그림 2-19 레몬테라스의 N배지 현황

거의 모든 게시판이 N배지로 가득 차 있다. N배지는 해당 게시판에 새로운 글이 업로드되었을 때 생성된다(댓글은 N배지를 생성시키지 못한다).

이렇게 생성된 N배지는 이틀간 유지되고 사라지는데, N배지가 없는 게시판은 글의 업로드가 이틀간 없다는 뜻과도 같다. 하지만 카페의 컨셉에 따라 모든 게시판이 레몬테라스처럼 N배지가 가득 차 있지는 않으니 무조건 N배지만 보고 카페의 활성화 지표를 측정하기에는 무리가 있다.

이럴 때 카페의 활성화를 측정할 수 있는 다른 방법이 있는데 바로 [전체글보기] 메뉴를 통해 확인하는 방법이다.

전체글보기에서 하루에 작성된 게시글 수가 몇 개인지를 통해 기본

	제목	작성자	작성일	조회	좋아요
21517971	Q. [인테리어 질문] 혹시 이벽을 뭐라고 하나요?철거하고싶은데ㅠㅠ [11]	건강하***	2017. 10. 30.	276	0
21517969	렌즈 추천좀 부탁드려요! [6]	귀여운***	2017. 10. 30.	53	0
21517968	대전 분식 드메 후기부탁드립니다	k7*	2017. 10. 30.	23	0
21517967	하...고민이에요	기**	2017. 10. 30.	143	0
21517966	팡 [13]	참치******	2017. 10. 30.	293	0
21517965	임신극초기 온수매트나 전기매트 [3]	미니***	2017. 10. 30.	294	0
21517964	감사해요^^ 내용펑! 가방 두개만 골라주세요^^ [25]	효성주*****절	2017. 10. 30.	738	0
21517963	Q. [인테리어 질문] 탄성코트 견적문의(부산)	우이**	2017. 10. 30.	53	0
21517962	롯데 벡스 플래티넘 발급 쪽지주세용	푸딩**	2017. 10. 30.	12	0
21517960	한동안 편찮았는데 예보다 집이 더러워지면 신경이 곤두서네여ㅜㅜ-펑예 [10]	yoy**	2017. 10. 30.	454	0
21517958	대전 킹@뷔페	진영**	2017. 10. 30.	98	0
21517957	불안불안.. 페백음식 이제서야 맞췄습니다! [1]	maje**	2017. 10. 30.	84	0
21517956	치킨 시켜 먹었어용! [1]	고로나***	2017. 10. 30.	263	0
21517955	예뻘했어요~~	hyes***	2017. 10. 30.	173	0
21517954	30문30답	lun**	2017. 10. 30.	18	0

그림 2-20 레몬테라스의 전체글보기를 통한 게시글의 작성일과 조회 수 확인 분석

적으로 카페에서 생성되는 1일 게시글 수를 분석할 수 있고, 조회 수를 통해 회원들의 활동량을 가늠해 볼 수 있다.

이렇게 카페의 규모별, 연혁별, 활동량에 따른 분류를 해놨다면 기본적인 경쟁 네이버 카페의 시장조사 환경을 구축했다고 볼 수 있다.

다음으로 해야 하는 시장조사 단계로 넘어가자.

3. 경쟁 네이버 카페의 콘텐츠 분석

앞서 정리한 대로 경쟁 카페들의 정보를 모았다. 그다음 해당 카페들에서 제공하는 서비스, 즉 콘텐츠를 분석해야 한다.

콘텐츠 분석의 기초는 바로 [메뉴 분석]이다.

당신이 작성했던 카페 기획서와 비교 분석하며 경쟁 카페들은 어떤 메뉴를 구성하고 있는지, 해당 메뉴의 글 업로드 빈도는 어떤지, 조회 수는 어떤지를 분석해야 한다.

이는 규모와도 매우 밀접한 관계가 있는데 소/중/대형 카페들의 메뉴 중 자신의 메뉴와 겹치는 메뉴가 있는지 확인한 뒤, 해당 메뉴가 어느 규모의 카페일 때 활성화 빈도가 높은지 측정해 보도록 하자.

만약 당신이 밀고자 했던 메뉴가 소규모 카페보다 대형 카페에 어울리는 메뉴라고 한다면 지금이라도 카페 기획서를 수정할 필요가 있다. 기획서는 언제든 운영 전략에 맞게 바뀔 수 있다는 마음가짐으로 임하지 않으면, 초기 카페를 개설하면서 대형 카페의 메뉴나 운영 방식을 취할 수밖에 없는 안 좋은 상황을 맞이할 수 있으므로 시장분석을 통해 얻은 정보를 바탕으로 다시 수정할 부분을 찾아 즉시 수정하도록 하자.

마지막으로 네이버 카페 운영자가 명심해야 할 카페 시장조사 10대 원칙을 공개한다.

1. **시장조사는 카페 생성 전과 카페 생성 후에 주기적으로 조사-반영해야 한다.**
2. **경쟁 카페의 회원들이 어떤 주제로 커뮤니케이션하는지 파악해야 한다.**
3. **경쟁 카페에 어떤 종류의 광고글과 스팸글이 올라오는지 파악 후, 차단 방법을 고민한다.**
4. **회원을 숫자가 아닌 개인으로 생각하며 공동체의 구성원으로 인지하여야 한다.**
5. **카페명은 시대적 흐름과 컨셉을 유지하며 작성-변경해야 한다.**
6. **기존 중대형 카페에서 제공하지 않는 신선한 콘텐츠로 경쟁해야 한다.**

7. 브랜드의 일관성을 포기해선 안 된다. 시장조사 할 때의 초기 마음을 잊지 않아야 한다.
8. 만약, 카페 기획과 시장조사 시 정리에 자신이 없다면 무조건 짧게 정리하도록 한다.
9. 경쟁 카페의 매니저가 회원들과 어떻게 소통하는지 파악한다.
10. 카페는 오늘이 가장 소규모라는 마음으로 시장조사와 운영에 임한다.

2-4

회원에게 우리 카페는 그저 1/n임을 기억하라

우리 아이가 내 눈에는 세상에서 가장 예뻐 보일지 몰라도, 남들 눈에는 그저 평범한 아이일지 모른다. 이 이야기를 왜 하냐고? 이번에 다룰 주제가 바로, 마음을 비우는 방법을 배우는 파트이기 때문이다.

고슴도치도 자기 새끼는 예쁘다고 하지 않던가? 당신이 개설한 회원 수 1명짜리 네이버 카페는 당신에게는 전부일지 모르지만, 회원들에게는 그저 지나가다 가입한 그저 그런 카페라는 점을 잊지 말자.

역지사지의 마음을 갖지 않으면 네이버 카페를 초기에 포기하는 원인이 되는데, 포기할 때 마음까지 다치는 매니저들을 많이 봐왔다.

지금 소개할 매니저는 바로 오프라인 비즈니스를 가지고 온라인으로 성공한 사례이다.

토지사랑 네이버 카페의 매니저는 실제로 공인중개사 사무실을 운영하고 있으면서, 온라인에서도 네이버 카페를 통해 오프라인 매물들을 전국의 고객에게 소개하고 거래를 성사시킨다. 요즘은 젊은 세대들이 온라인을 통해 방을 구하는 시대이기 때문에 시대에 뒤처지지 않기 위해서 만든 커뮤니티였지만, 초기에는 누구보다 큰 쓴맛도 보았다.

매물을 올리기 위해 사진을 찍고, 고르고, 편집하는 일이 생각보다 만만치 않았기 때문이다. 그래서 카페를 만든 뒤 한동안 방치하기도 했지만, 한 건만 온라인으로 거래를 성공시켜보자는 마음으로 다시 컴퓨터 앞에 앉았다. 지금도 다른 취미, 지역카페에 비해서 많은 회원수를 가지지는 못했지만, 꾸준히 매물 자료를 업데이트하다 보니 실제로 온라인 카페를 통해 알고 연락을 주시는 회원분들이 많이 늘었고, 거래까지 성사되는 일도 처음보다는 많이 발생한다.

다만 카페 특성상, 회원들끼리의 소통보다는 매니저가 모든 자료를 올리고, 관심이 있는 회원들은 댓글보다는 전화를 바로 하는 편이라 카페 자체가 커뮤니티의 역할보다는 온라인 중개 사이트 역할에 가깝긴 하지만, 지금처럼 비즈니스로 연결만 잘 된다면 좋은 게 아니겠는가? 하는 것이 바로 매니저의 생각이다.

그림 2-21

혹시 악플이 무플보다 낫다는 말을 들어봤는가? 카페를 개설하면 바로 이런 심정이 될 것이다.

누구라도 좋으니 내 카페에 가입해서 글이라도 하나 써 줬으면 좋겠고, 회원들끼리 서로 댓글로 소통해 줬으면 좋겠고, 더 나아가 사진도 좀 올려 줬으면 좋겠고, 매니저한테 질문도 해 줬으면 좋겠고, 아무튼 하나부터 열까지 회원들에게 바라는 것 천지인 어린아이가 된다.

현재 운영 중인 네이버 카페는 사진에서 보다시피 하루에 글이 최소 10개 이상씩 올라오는 활성화 단계에 이르렀지만, 필자가 처음 카페를 개설했을 때는 이런 현상이 전혀 없었다. 물론 지금도 대형 카페들과

중3 아들의 진로 궁금합니다	루비****	23:34
반갑습니다	루비****	23:32
가입인사드려요 [1]	역시****	19:56
안녕하세요 [1]	쏭*	18:58
태양계 탐사선(4)	Sci*******	17:09
가입 인사 [1]	cre****	14:07
지금 가입했습니다 [2]	she***	13:54
가입인사 드립니다 [1]	캔**	13:53
'대입 학종시대', 내신 관리 유리한 일반고 진학이 무조건 정답? [1]	*	12:49
수원대, 2018년도부터 입학금 전면 폐지… 대입 전형료 30% 인하 하기로 [1]	*	12:49
고2, 대입준비 어떻게 하고 있나요? [1]	*	12:46

그림 2-22 필자가 운영하는 네이버 카페의 회원들이 하루에 올린 글과 댓글들 (글제목 옆 [ ] 괄호 안의 숫자가 댓글수이다)

비교하면 많다고 할 수는 없으나, 회원들이 스스로 글을 쓰고, 질문을 하고, 댓글을 달며 서로 필요한 정보를 공유하도록 만들었다는 것에 집중해야 한다.

실제로 회원 수 1만 명 이상의 중대형 카페들도 하루 게시글 업로드양이 [그림 2-22]보다 적은 경우도 허다하다. 누누이 강조하지만 회원 수와 비례하여 중요한 데이터가 바로 N배지, 즉 다시 말해 회원들의 활동량임을 잊어서는 안 된다.

그렇다면 필자가 네이버 카페 '학종이'를 처음 개설했던 2017년 1월의 상태는 어땠을까? 함께 확인해 보도록 하자.

10	내신성적만으로 명문대 가는 시기는 지났다. [7]	대치****	2017. 01. 04.	50
9	가입인사 [4]	서**	2017. 01. 04.	9
8	가입했습니다. [4]	시메**	2017. 01. 04.	7
7	가입했습니다 [5]	음악**	2017. 01. 04.	10
6	2017년 하반기 대입 일정 [2]	*	2017. 01. 04.	7
5	2017년 상반기 대입 일정 [2]	*	2017. 01. 04.	11
4	학생부종합전형 이야기 [학종이] 등업기준 [75]	*	2017. 01. 04.	413
3	"대입은 전략" 2018학년도 대입전형 변화 핵심포인트 [4]	*	2017. 01. 04.	16

그림 2-23 3번째 게시물부터 주변 지인들에게 가입 권유를 통해 남긴 인사말을 제외하면 순수 회원들의 글은 0개에 가깝다.

2017년 1월 1일에 네이버 카페를 개설하고, 3일이 지난 1월 4일부터 매니저를 제외한 나머지 글들은 사실 필자가 주변 지인들에게 가입을 요청해서 남긴 게시글들이다. 여기서 주목해야 할 점은 1월 1일에 카페를 개설한 이후, 1월 4일까지 게시글이 지금은 삭제돼 확인할 수 없는 1, 2번 두 개뿐이라는 점이다.

예를 들어, 당신이 야심 차게 만든 카페에 글을 올렸다고 가정해 보자.

하루가 지나고, 이틀이 지나도 가입자는 늘지 않고, 조회 수는 0을 벗어나지 않는다면 당신은 과연 어떤 기분일까? 어쩌면 이 단계에서 당신의 열정과 흥미가 사라질 수도 있다.

이때 필요한 것이 바로, 주변 지인들에게 카페 가입을 권유하여 초기 회원 수를 확보하는 것이다. 앞서 실패한 필자의 사례를 통해 매니저가 포기한 카페는 몇 년이 지나도 회원 수가 전혀 늘지 않는 처참한 모습을 확인한 것을 기억하는가? 여기서 포기하게 되면, 당신이 만든 카페 역시 그렇게 망하게 될 것이다. 그렇다면 당신은 네이버 카페로 절대 비즈니스, 온라인마케팅을 성공시킬 수 없다!

마치, 학생이 부모님과 주변 친구들에게 "나 이번 시험에서 꼭 100점 맞을 거야. 지켜봐 줘!"라고 말하는 심정이 되어야 한다. 그만큼 초기 카페가 자리 잡기 어렵고, 다들 쉽게 포기한다는 점을 명심하자.

자, 다시 본론으로 돌아와서 가족, 회사 동료, 친구 등 첫 번째 멤버 목표를 10명 정도로 정하고 움직이자.

초기 멤버를 지인으로 구성하는 데는 많은 이유가 있다.

첫째, 나와의 약속을 지키는 데 타인의 눈은 꽤 큰 역할을 한다.

현재 당신이 만든 또는 앞으로 만들 네이버 카페는 아직 이 세상 누구도 알지 못한다. 그 위대한 시작을 주변의 지인들과 함께한다는 건 큰 의미가 있다. 주변에 네이버 아이디 없는 사람이 얼마나 되는가? 아마 다들 네이버 아이디 한 개씩은 가지고 있을 것이다.

그리고 그렇게 가입한 주변 지인들은 당신의 네이버 카페가 성장하는 모습을 알게 모르게 지켜보며 응원해 주게 된다. 또한 당신 스스로 주변 사람들에게 실망시키지 않기 위해 더욱 열심히 카페를 관리하려는 자세로 운영에 임하게 되므로 일석이조의 효과를 가진다.

둘째, 초기 활동 증가와 인원수 확보에 매우 용이하다.

혹시 지금 마음속으로 "주변 사람들에게 가입을 권유하면서까지 초기 회원 수를 확보해야 할까?"라는 의구심을 품고 있다면 아직 마케터로서의 마음가짐을 바르게 갖지 못한 상태라고 말할 수 있다.

주변 사람들을 이용한 마케팅이야말로 가장 좋은 마케팅이다. 그 이유는 회원들은 내 뜻대로 움직여주지 않지만, 주변 지인들은 극 초반의 어느 시점까지는 매니저의 뜻대로 일정 부분 조절이 가능하다. 예를 들어 가족, 친구 등 친한 사람들에게 네이버 카페의 주소를 공유하고, 장황하게 설명하지 말고 가입해달라는 권유의 말만으로도 회원 수를 확보할 수 있는 장점이 있다.

또한 가입 후 초기에 간단한 가입인사를 남겨달라는 요청까지도 그들은 쉽게 수락한다.

다만, 지인의 단점은 딱 장점만큼의 활동량을 보인다는 데 있다.

그 지점까지다. 그 이후에는 지인들의 관심사와 맞지 않는 컨셉의 카페라면 그들은 유령회원이 될 가능성이 높다. 그러므로 지인들의 초기 가입 숫자는 대략 두 자리, 즉 10명 정도를 확보하는 데까지만 활용하자. 괜히 초기 지인들의 숫자를 더 늘리면, 활동량이 유지되지 않으므로 유령회원만 쌓이고 죽어버린 카페처럼 보일 수 있으므로 에너지를 적당히 배분할 필요가 있다.

지인들의 가입과 기초적인 활동을 통해 두 자리 회원 수와 몇 개의 가입인사 또는 자유로운 주제의 게시글이 카페에 쌓이게 된다. 이 몇 개의 게시글과 두 자릿수 회원 수는 당신이 생각하는 것 이상으로 극 초반의 카페 운영에 많은 도움이 된다. 그만큼 초반의 카페는 한 명 한 명이 정말 소중하다는 의미다.

자, 이제 본격적으로 회원들을 가입시키기 위해 적당한 콘텐츠를 카페 컨셉에 맞게 매니저가 작성해야 한다. 그런데 많은 매니저가 착각하기 쉬운 오류가 바로 내가 글을 쓰면 사람들이 읽어줄 것이라는 착각이다.

수능 문제 정답을 미리 알아서 카페에 적어놓는 정도의 정보나 퀄리티가 아니라면 사람들은 대부분 당신의 글에 특별히 관심을 보이지 않는다. 초반 네이버 카페를 운영하고자 하는 매니저라면 이런 회원들의 무심함에 상처받아선 절대 안 된다.

지금 당신의 네이버 아이디로 로그인한 뒤, 몇 개의 카페에 가입되어 있는지 확인해 보도록 하자.

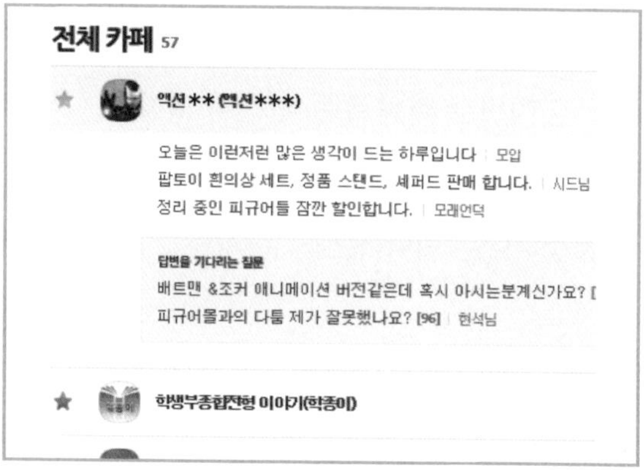

그림 2-24 필자만 하더라도 50개가 넘는 카페에 가입되어 있으며, 이는 필자가 활동하지 않는 카페를 주기적으로 정리해서 이 정도 숫자를 유지하는 것이다.

필자만 하더라도 50개가 넘는 네이버 카페에 가입해 있다. 이는 활동량이 적거나 없는 또는 관심사가 변경된 네이버 카페를 주기적으로 탈퇴하면서 카페의 숫자를 적당히 유지하고 있어서 이 정도 가입 숫자를 유지하는 것이지, 관심분야가 생길 때마다 네이버 카페에 가입한다면 100개는 훌쩍 넘을 것이다. 자, 확인했는가? 당신은 현재 몇 개의 네이버 카페에 가입되어 있는가?

회원들에게 당신의 카페는 그저 1/n의 카페에 지나지 않는다. 관심사가 같거나 콘텐츠를 보기 위해 일단 가입은 했지만, 가입 후 몇 개월이 지나도 다시 재방문하지 않을 수 있고, 당신이 보내는 전체 메일이나 쪽지는 읽지도 않고 삭제해버릴 수 있다.

어쩌면 그런 전체 메일 때문에 탈퇴할 수 있으며, 수신거부 상태일 지도 모른다. 너무 서운하게 생각하지 말자. 당신에게도 다른 카페는 그저 1/n이지 않았던가? 물론 왕성하게 활동하는 카페들이 있을 수 있지만, 그런 카페들의 규모를 따져보자. 지금 당신이 만들고자 하는 회원 수 두 자리의 소규모 카페에서 그렇게 활동하고 있던 적이 있었느냐 말이다.

이미 회원 수 1만 명 이상의 중대형 카페에서, 매일 매일 올라오는 새로운 회원들의 글과 정보를 확인하며, 그들과 댓글로 소통했으리라.

회원들의 가입에 감사하자. 그리고 그들이 당신의 글에 댓글을 달았을 때, 그 누구보다 빠르게 다시 답변을 달고 소통하자. 그런 한 명 한 명이 모여서 10명이 되고, 100명이 되는 것이다.

만약, 생각지 못한 악플이 달린다면 그것 또한 감사하게 생각하자.

악플도 관심이다. 당신의 카페에 굳이 들어와, 당신의 글을 읽으며 자신의 생각이 다름을 밝힌 회원이다. 커뮤니티의 일부이며, 그 또한 당신이 풀어야 할 숙제이다.

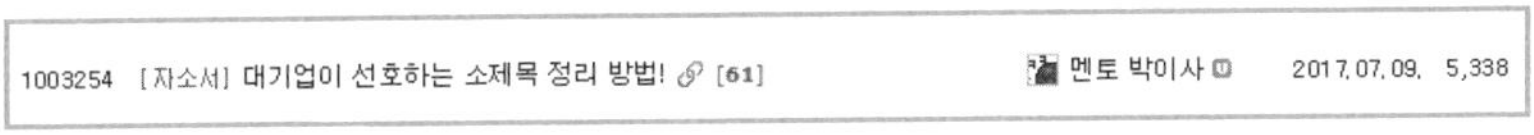
1003254 [자소서] 대기업이 선호하는 소제목 정리 방법! [61] 멘토 박이사 2017.07.09. 5,338

그림 2-25 해당 글의 조회 수는 5천 view를 훌쩍 뛰어넘고, 댓글은 61개가 달린 상태다.

대표적인 예로, 필자가 매니저는 아니지만 공식 멘토로 활동하는 타 카페에서 필자의 글에 달린 댓글과 필자의 대응을 보며 해당 글을 정리하도록 하겠다.

회원들에게 서운한가? 서운해 하지 말고, 그들을 당신 편으로 만들 방법을 고민하고 또 고민하는 게 매니저로서 올바른 길을 걷는 방법이다!

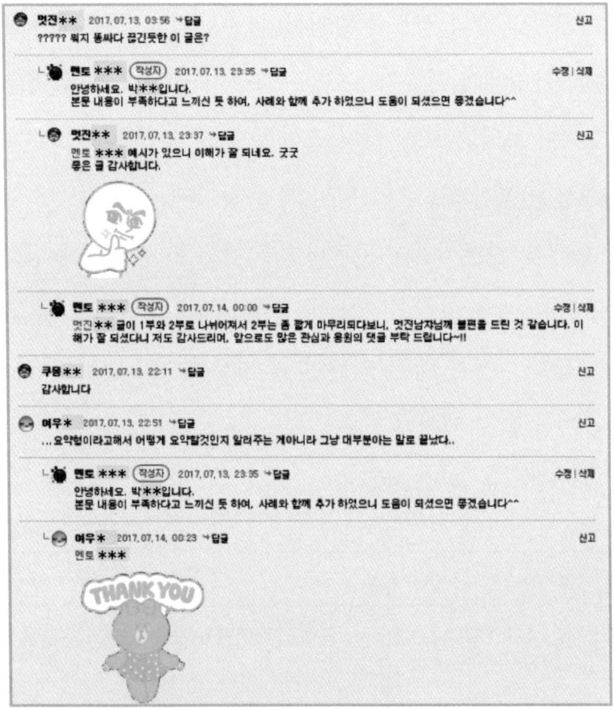

그림 2-26 **회원들의 의견과 그에 따른 본문의 추가, 그리고 커뮤니케이션**

2-5

카페 운영은 100미터 달리기가 아니다, 체력을 길러라

"꾸준함을 이길 그 어떤 재주도 없다"는 아프리카TV 문용식 씨의 말이 떠오른다.

네이버 카페 운영뿐만 아니라 그 어떤 사업을 하더라도 이 원칙에서 크게 벗어나는 경우는 없다. 굳이 사업 같은 거창한 말을 사용하지 않아도 공부도, 운동도, 취미활동도, 심지어 사랑까지. 꾸준함을 바탕으로 평생을 두고 이뤄야 하는 일들 투성이지 않은가?

우리 삶을 둘러싸고 있는 그런 수만 가지의 활동 중에서 네이버 카페 운영이야말로 필자가 생각하는 가장 대표적으로 '꾸준함'을 요구하는 일 중 하나다. 혹시 지금 머릿속에 '당장'이라는 단어가 있다면 그 단어를 당장 삭제하도록 하자.

당장 카페 개설, 당장 게시글 업로드, 당장 회원 가입, 당장 마케팅 시작…….

네이버 카페는 앞서 누누이 이야기한 대로 그냥 아무 생각 없이 만들면 정말 단 한 명의 회원을 유치하는 것조차도 버거운 일이 되어버린다. 처참히 망가진 실패 사례들을 떠올려보자. '지금 당장'이라는 단어를 머리에서 지우지 않고 대책 없이 실행에 옮기면 그 사례가 바로 당신의 이야기가 될 수 있다.

당장 시작하지 마라. 카페 기획서를 작성하면서, 카페의 컨셉을 정하고, 메뉴를 공들여 하나하나 고민하고, 어떤 콘텐츠를 쌓아서 회원들과 어떻게 소통할지 미리 다 계획해놓고 실행에 옮기라는 말이다. 네이버 카페가 내일 서비스를 중단하는 건 아니지 않은가? 단언컨대 당신이 귀찮아서 카페 기획서를 완성하지 않는 일은 벌어져도, 네이버에서 당신이 만드는 카페를 못 만들게 하는 사태 같은 건 벌어지지 않으니, 제발 근시안적인 안목으로 일을 그르치지 말았으면 좋겠다.

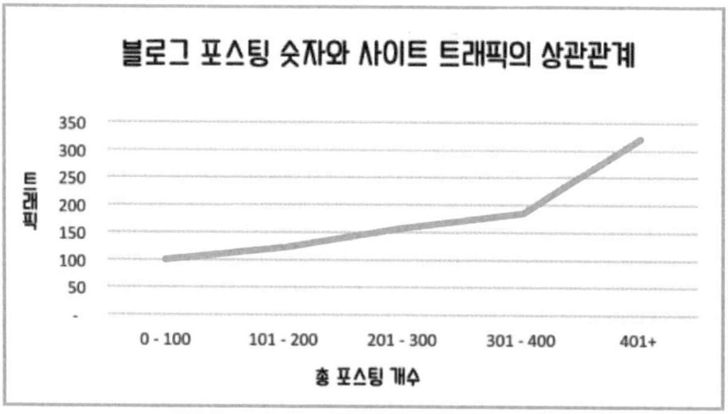

그림 2-27 **허브스팟에서 제공하는 꾸준한 포스팅과 트래픽의 그래프**

네이버 카페 마케팅은 콘텐츠의 질과 양, 그리고 회원들의 활동량, 접속률, 카페의 입소문 등 쌓아놓아야 하는 정보와 데이터가 필수 항목인 영역이다. 이런 것들을 기반으로 회원들에게 필요한 자극과 정보를 줌으로써 실질적인 마케팅이 시작된다고 보면 된다. 그리고 그 움직임의 본질에는 '신뢰'가 있다.

누구에 대한 신뢰일까? 해당 카페를 움직이는 매니저에 대한 신뢰다. 매니저에 대한 신뢰는 곧 카페에 대한 신뢰를 의미하며, 카페에 대한 신뢰는 그 카페의 콘텐츠에 대한 신뢰를 의미한다. 어렵게 설명했지만 간단하다.

네이버 카페 운영은 100미터 달리기가 아니라는 말이다. 단기간에 효과를 기대하면 실망하고 지치게 된다. 무조건 살아남기 위한 체력을 길러라! 그것이 회원들을 모으는 과정이든, 컨셉에 맞는 정보를 생산하는 과정이든……. 무조건 체력을 길러놓아야 앞으로 어떠한 비즈니스가 만들어진다고 하더라도 회원들이 움직여준다는 점을 잊어서는 안 된다.

그렇다면 장거리 마라톤 마케팅의 목표 달성을 위해 당신이 갖춰야 할 매니저로서의 단계는 무엇이 있을까? 마라톤을 위한 준비 과정을 설명하도록 하겠다.

1. 매일 최소 한 명의 활동량 높은 회원을 가입시킨다는 목표를 가져라. 그렇게 활동량이 높은 회원은 추가 입소문(바이럴) 마케팅에 기초 역할을 한다.

2. 회원들이 카페 운영에 참여하도록 콘텐츠 아이디어를 제시할 수 있는 공간을 개설하라. 그들은 자신의 아이디어가 채택당하는 기쁨과 함께 카페에 충성도를 자연스럽게 올릴 것이다. 그렇게 되면 누가 시키지 않아도 활동량이 올라간다.

3. 회원들끼리 서로 카페의 콘텐츠(포스팅)를 공유하거나 '좋아요'를 누를 수 있도록 공지나 활동 규칙에 반영하라. 긍정적인 경험을 얻도록 하는 것은 장기간 카페를 운영하는 데 많이 도움된다. 회원들끼리 서로 칭찬할 수 있는 환경을 구축해야 오래 갈 수 있다.

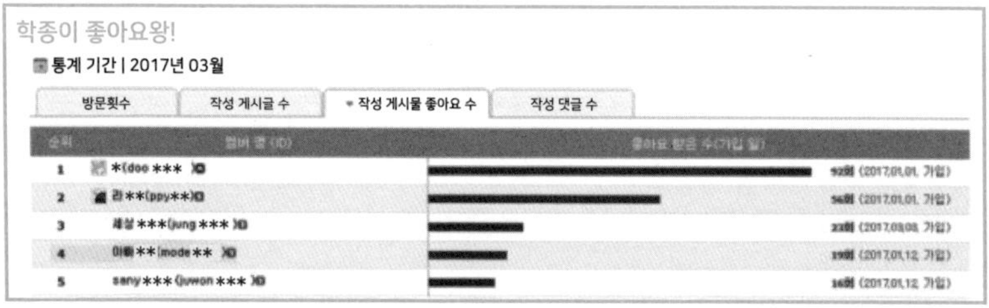

그림 2-28 **통계를 공유하고, 회원들끼리 서로 '좋아요' 를 할 수 있는 환경 구축은 필수!**

그림 2-29 **귀여운 라인 스티커를 적극 활용해 글을 작성하도록 하자**

4. 회원들의 관심을 얻어낼 수 있는 제목을 고민하고 적용해 보고, 분석하자. 예를 들어 비슷한 주제의 글을 올렸는데, 하나는 효과를 직접 언급한 제목을 사용해 보고, 하나는 추상적인 제목으로 뽑아서 조회 수와 댓글의 반응을 살피며 지속적으로 카페 운영의 전략을 때에 맞게 변경해야 한다.

5. 복잡한 글은 이해도를 떨어뜨린다. 이모티콘과 이미지를 섞어 어려운 내용도 가볍게 접근하여 이해도를 올릴 수 있도록 하자. 특히 네이버의 라인 이모티콘은 여성 고객에게 많은 인기가 있다!

6. 필요하다면 매니저와 직접 소통할 수 있도록 공개 채팅방을 개설해놓자!

그림 2-30 누구라도 매니저와 직접 소통할 수 있는 수평적 운영이 필수다.

7. 하나의 콘텐츠 안에 회원들이 읽고 스스로 따라 할 수 있는 간단한 노하우를 포함시켜서 실질적인 도움을 받고 있다는 느낌을 줘라. 아무리 좋은글도 회원들에게 너무 멀게만 느껴진다면 카페의 정보 전달력이 떨어진다고 볼 수 있다. 일상에서 가볍게, 또는 즉시 적용할 수 있는 실용적인 정보야말로 회원들이 진정으로 원하는 정보라는 점을 잊지 말자.

8. 더욱 완벽한 콘텐츠를 제공하기 위해 글을 올리기 전 퇴고는 필수! 미리보기 기능을 이용하거나 임시저장을 자주 하여 애써 작성한 글이 사라지는 것을 방지하자. 이것이 중요한 이유는 당신이 몇 시간을 공들여 글을 작성하다가 어떠한 이유에서 저장이 되지 않아 사라졌을 경우, 그날의 콘텐츠가 업로드되지 못하는 것뿐만 아니라 초기 카페를 운영하면서 이런 실수가 반복되면 열정이 사라지는 데 큰 역할을 하기 때문이다. 또는 애써 작성한 글에 사소한 문제로 회원들의 공감을 사지 못하여 댓글이 안 달리거나 반대 의견 등이 올라오면 매니저라도 기분이 상할 수 있기

때문에, 퇴고하며 찬찬히 읽으면서 스스로 어떤지 확인하는 과정은 필수다!

이런 일련의 과정들을 꾸준히 해나가다 보면, 어느새 카페 지표가 상승하는 것을 확인할 수 있을 것이다.

당신이 매일 하는 작은 일들 하나하나가 지금 당장 눈에 보이는 큰 변화를 가져다주지는 못하겠지만, 마라톤을 달리듯 한 걸음 한 걸음 걷기도 하며, 어떤 날은 신나서 뛰어가기도 하다 보면 이런 작은 실행들이 쌓여 1%의 차이를 만들고, 궁극적으로 큰 결과를 가져올 것이다.

이는 물론 이 1%의 실행을 꾸준히 진행했을 때의 이야기며, 작심삼일이라면 효과를 기대할 수 없을 뿐만 아니라 앞서 봤던 실패한 카페

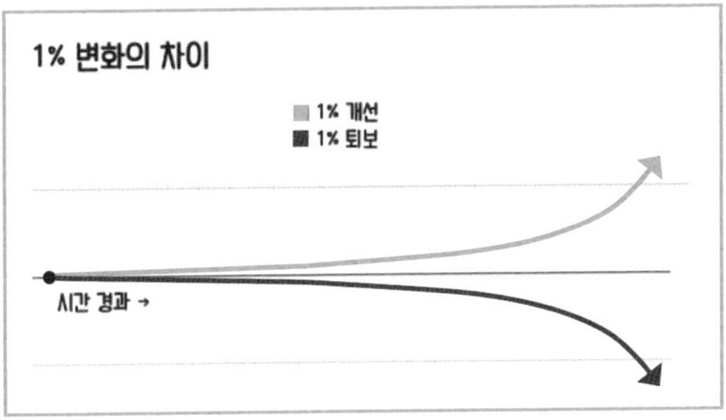

그림 2-31 꾸준한 활동에 따른 1% 변화가 가져오는 큰 차이

출처: The 1% Rule of Content Marketing

의 매니저가 된다는 점을 명심하자!

작은 변화일수록 꾸준하게 실행하지 않는다면 나중에 효과를 볼 수 없다는 점을 잊지 말자. [그림 2-31]에서 확인할 수 있듯이, 작은 변화는 그것이 긍정적이든 부정적이든 초반에는 눈에 띄게 큰 차이를 보이지 않는다. 하지만 콘텐츠가 쌓이고 회원 수가 늘어나는 시간의 경과에 따라 상당한 격차가 벌어진다.

온라인마케팅을 성공하기 위해서는 그중에서 특히 네이버 카페를 통해 비즈니스를 성공적으로 준비하고 실행하기 위해서는 카페 컨셉에 맞는 일관성을 유지하며 1%씩 긍정적으로 변화하는 그림을 그리는 게 반드시 필요하다. 특히 초기 카페를 운영하면서 단 하루, 이틀, 일주일이라도 마음이 해이해져서 느슨해진다면 그동안 공들인 탑이 한순간에 와르르 무너질 수 있다는 사실을 잊지 않기를 바란다.

이런 작은 실행조차 시도하지 않는다면 당신은 영원히 실패한 카페의 매니저로 남거나, 어쩌면 매번 같은 자리에서 도태될 가능성이 크다. 마라톤을 준비하기 위한 연습을 꾸준히 이어나갈지 단기간의 결과에 집착할지의 선택은 결국 당신의 꾸준한 실행에 달렸다!

Chapter 3

플랫폼 컨셉을 명확히 파악하여 선택과 집중하는 방법

3-1

온라인 카페의 컨셉을 명확히 하라

당신이 처음으로 카페를 만든다고 생각해 보자. 어떤 것들이 떠오르는가?

머릿속에 아마 많은 생각이 떠다닐 것이다. 예를 들어 취미를 중심으로 카페를 만들 것인지, 아니면 수익을 목적으로 카페를 만들 것인지, 이도 저도 아니면 대형 카페를 벤치마킹해 볼 것인지 말이다.

카페의 컨셉은 카페가 문을 닫을 때까지 중요한데, 처음에 간과해선 안 될 부분이 있다. 그것은 당신이 어떤 컨셉의 카페를 생각하든 이미 크고 작게 운영되고 있을 확률이 99%라는 점이다.

예를 들어 당신이 '드론' 관련 카페를 만든다고 가정하자.

몇 개의 드론 관련 카페가 있을 것이라고 생각되는가? 지금 머릿속으로 한 번 생각해 본 뒤 다음 글을 계속 읽어나갔으면 좋겠다.

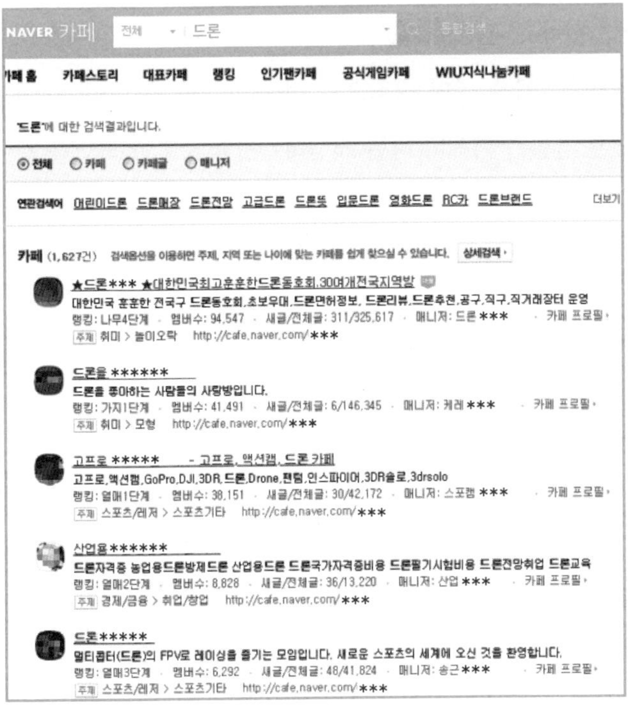

그림 3-1

[그림 3-1]은 네이버 카페에 '드론'이라는 주제로 검색해 본 결과 화면이다.

1,627건의 검색 결과는 결국 1,627개의 드론을 컨셉으로 한 카페가 존재한다는 이야기이며, 이 중 대형 카페의 회원 수는 94,547명에 육박한다. 그다음으로 나온 카페의 회원 수도 41,491명으로 적지 않다.

이렇듯 이미 수만 명 이상의 대형 카페들은 지금도 활발하게 활동

중이라는 이야기다.

그렇다면 컨셉을 어떤 방식으로 접근해야 할까? 이미 대형 카페가 자리 잡은 컨셉은 피해야 하는 것일까? 지금부터 그 해답을 찾아 보도록 하자.

컨셉을 정할 때 0순위로 고려해야 하는 것이 바로 '관심분야'의 설정이다.

이 관심분야의 설정은 카페의 본질적 활동 범위를 정하고, 카페의 콘텐츠를 결정하고, 카페의 멤버들을 모으는 가장 중요한 컨셉이기 때문이다. 하지만 이 관심분야만으로는 컨셉을 완벽하게 설정했다고 이야기하기 어렵다.

만들고자 하는 카페의 관심분야를 설정할 때 주의해야 하는 사항으로는 영속성을 고려해야 한다.

영속성에는 내부적 영속성과 외부적 영속성이 존재하는데, 내부적 영속성이란 카페 매니저가 얼마나 이 분야에 대해 지속적인 관심과 성장을 가져갈 수 있는지에 대한 정의다.

예를 들어 자신이 하고 있는 업무나 일에 대한 영속성을 가지는지, 또는 취미 활동의 범주에 속하는지, 또는 잘 모르는 분야지만 카페멤버들과 함께 배우고 싶은지 등을 고려해서 컨셉을 정해야 한다.

그럴 확률은 낮지만 업무에 대한 컨셉으로 시작했는데 업이 바뀐다거나, 취미를 기반으로 만들었는데 이제는 그 취미를 즐길 수 없게 된다면 카페에 대한 매니저의 관심도가 급격히 하락할 것이고, 이는 바로 카페의 흥망성쇠를 결정할 정도로 큰 문제이기 때문이다.

앞에서 여러 번 설명했던 운영되지 않는 카페들 대부분이 이 카페의 컨셉을 정할 때 영속성을 고려하지 않고 즉흥적으로 만들어서 운영에 어려움을 겪은 카페들이다.

만들고자 하는 카페가 이런 전철을 밟게 하기 싫다면 그 무엇보다 카페의 영속성을 유지할 수 있는 컨셉에 많은 공을 들이길 바란다.

그렇다면 외부적 영속성이란 무엇일까?

내부적 영속성이 카페 매니저의 몫이라면 외부적 영속성은 매니저의 몫이 아니다. 이것은 바로 카페의 컨셉이 얼마나 외부 변수에 흔들리지 않고 잘 운영될 수 있는지를 체크해 볼 수 있는 항목인데, 필자의 사례를 예를 들어 설명해 보도록 하겠다.

필자가 운영하는 교육 커뮤니티의 경우 외부적 영속성에 많은 영향을 받을 수 있는 컨셉이다.

교육이라는 것은 국가의 정책과 상황에 따라 급변하기 때문에 정책이 바뀔 때마다 하나의 테마를 가진 교육 카페라면 회원들의 관심에서

멀어질 수도 있다. 반대로 정책에 따라 갑자기 관심이 급상승하여 회원들이 더욱 많이 유입되기도 하고 활동량이 늘어날 수도 있지만 보통의 외부적 영속성은 안 좋은 쪽으로 영향을 많이 받기 때문에 기본적으로는 보수적인 관점으로 접근하는 것이 매니저로서 대비해야 하는 자세라고 할 수 있다.

반대로 외부적 영속성에 강한 컨셉들도 존재한다.

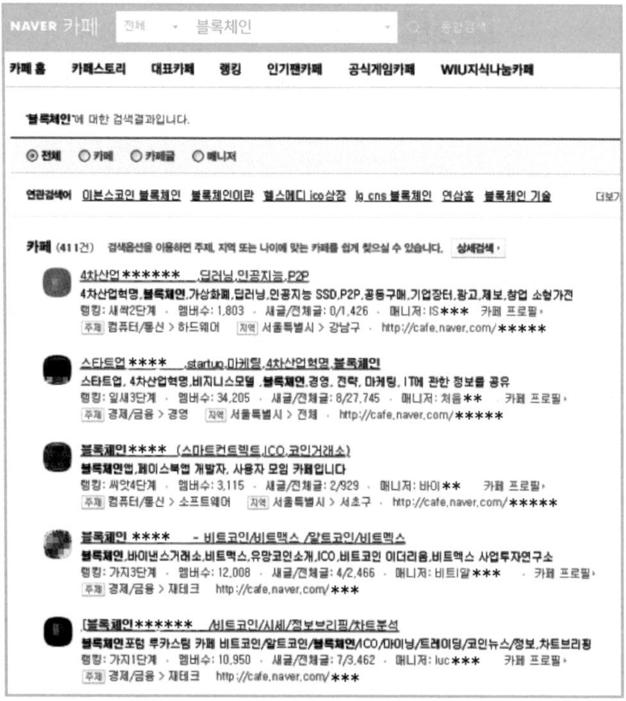

그림 3-2 블록체인의 경우 외부적 영속성을 유지하기 매우 어려운 컨셉이다.

앞서 봤던 사례처럼 드론을 컨셉으로 하는 카페의 경우 드론이라는 테마는 앞으로도 꾸준히 대중들의 관심과 사랑을 받을 수 있는 테마 중 하나이고, 정책적으로 드론을 완전히 금지하지 않는다면 관심이 갑자기 사라지거나 줄어들 확률은 낮을 것이다.

이런 여러 가지 사항을 고려하다 보면 외부적 영속성을 더욱 대비하기 위해 좋은 컨셉을 고민하기 마련이다. 하지만 외부적 변수는 예측하기 어렵고 선 대응을 할 수 없기 때문에 처음 카페를 만들 때는 내부적인 영속성에 초점을 맞춰 만드는 것을 추천한다.

외풍에 흔들리고 영향을 받으려면 카페가 어느 정도 이상의 규모를 가지고 있어야 하기 때문에 처음 카페를 만들 때는 오롯이 매니저의 의지를 얼마나 오래 이어나갈 수 있는지 고민하는 것이 정답이다.

물론 외부 요인을 완전히 무시할 필요는 없지만, 그것 때문에 발목이 잡혀서 속도를 늦출 필요는 없다는 뜻이다. 혹시 나중에라도 문제가 발생할 경우 카페의 컨셉을 그에 맞춰서 업데이트하면 될 일이기 때문에 너무 크게 확대 해석할 필요는 없다.

그러면 이제 카페의 컨셉을 정했다고 가정하고, 그 다음으로 고민할 것이 무엇일까?

그것은 바로 카페의 컨셉을 구체화하는 일이다. 카페의 컨셉을 처음 세울 때 가장 좋은 방식은 단어를 놓고 그 단어들을 쭉 정리해 보는 것

표 3-1 컨셉 1차 표 작성의 예시

컨셉 단어	내부적 영속성	외부적 영속성
미용	업으로 삼고 있음	하
결혼 or 이혼	관심분야임	하
교육	관심분야임	상
맘카페	성공시켜보고 싶음	상
여행카페	관심분야임	중
지역	성공시켜보고 싶음	하
애견	관심분야임	하

이다. 예를 들면 [표 3-1] 처럼 작업해 두면 좋다.

앞서도 기본적인 컨셉을 잡을 때 작성해야 하는 표를 예로 들었다. 이제 해당 표를 하나씩 뜯어보며 어떤 컨셉의 카페가 가장 적절한지 골라 보도록 하자.

첫 번째로 미용이라는 컨셉으로 카페를 개설하고자 한다. 가상이지만 카페 매니저가 미용을 업으로 삼는다는 가정을 세웠다. 미용을 업으로 삼고 있기 때문에 전문성은 어느 정도 확보되었을 것이라고 판단할 수 있고 관심도 갑자기 뚝 끊어지지 않을 것이므로 내부적 영속성은 높은 점수를 줄 수 있다.

외부적 영속성은 1차 컨셉을 도출한 상태로는 완벽히 정의하기 어렵지만, 미용이라는 주제가 어느 날 갑자기 제재당한다거나 사람들의 관심 밖으로 나갈 일은 별로 없다는 판단하에 외부적 영속성의 위험도를 '하'로 설정했다. 이런 관점에서 미용이라는 컨셉은 나쁘지 않다고 결론 내릴 수 있을 것이다.

그렇다면 이번에는 '교육'이라는 주제로 카페를 만들려고 할 때의 영속성을 살펴보자.

일단 가상의 매니저는 관심을 가지고 있는 분야이다. 이때 내부적 영속성을 유지하는 가장 큰 핵심은 바로 얼마만큼의 관심도를 가지고 있는지이다. 전문성은 어차피 매니저 혼자 다 채울 수 있는 영역이 아니므로 초반 카페의 부흥을 위해 중요하긴 하지만 꼭 필수는 아니다.

외부적 영속성의 위기 측면에서는 앞서 밝힌 대로 위험수치가 높다. 이 역시 2차 컨셉을 어떤 것으로 정하느냐에 따라 달라질 수 있지만 교육이라는 테마는 항상 트렌드가 바뀔 수 있고 교육을 주관하는 학부모들은 민감하게 반응하기 때문에 바뀌는 정책이나 트렌드를 제때 반영하지 못하면 살아남기 어렵다.

마지막으로 지역카페를 살펴보자.

꼭 성공시켜보고 싶은 주제라는 내부적 영속성을 가지고 있다. 매니저가 해당 지역에 얼마나 많은 정보를 가지고 있는지, 거주하고 있는지에 따라 성공의 여부가 달라질 것이다. 다만 지역카페의 경우 그 범위가 매우 광범위하고 2차 컨셉을 어떤 형태로 잡는지에 따라 외부적 영속성도 달라질 수 있기 때문에 개설하는 컨셉으로는 리스크가 크다는 점을 인지해야 한다. 외부적 위기요인은 지역이 사라질 위험은 없기 때문에 낮다고 볼 수 있으나, 2차 컨셉을 어떻게 정하느냐에 따라 달라질 수 있다.

이렇듯 1차 컨셉을 살펴보면 가장 적절한 것은 바로 '미용'을 주제로 한 카페를 개설하는 것이다.

내부적/외부적 영속성을 유지한 채로 안정적인 운영이 가능해 보이기 때문이다. 하지만, 정말 다른 컨셉을 꼭 운영해 보고 싶은 매니저라면 다른 것을 선택할 수도 있다.

이제는 2차 컨셉을 도출해 볼 차례다.

앞서 살펴본 미용을 주제로 정해 보도록 하자. 2차 컨셉이란, 1차 컨셉 단어를 가지고 어떤 방향으로 이끌어갈지를 정하는 작업이다.

앞서 정한 미용이라는 키워드를 가지고 다시 한번 표를 만들어보자.

1차 컨셉은 미용으로 적었기 때문에 같다.

2차 컨셉은 미용이라는 주제 아래에서 세부적으로 운영할 방향을 정해놓은 것이다.

표 3-2 **컨셉 2차 표 작성의 예시**

1차 컨셉	2차 컨셉	외부적 영속성
미용	기술	하
미용	관련 종사자 카페	중
미용	피해 및 안 좋은 사례	하
미용	트렌드	상

기술적 컨셉은 미용 기술의 발달을 핵심 콘텐츠로 하여 고객과 기술자들이 함께 소통하는 컨셉이 될 것이다. 기술자와 고객이 서로 소통만 잘 된다면 매니저가 큰 역할을 안 해도 되기 때문에 외부적 영속성의 위험 요소는 낮다고 볼 수 있다.

미용의 피해 및 안 좋은 사례 카페는 약간 독특한 컨셉으로 자리 잡을 수 있을 것이다.

고객 위주의 끈끈한 커뮤니티가 형성될 수 있지만, 대형 카페로 자리 잡을 때까지는 시간이 좀 걸릴 수 있다고 예측 가능하다.

마지막으로 미용 트렌드는 기술과 비슷하지만 다르다.

트렌드는 철저하게 고객 중심의 카페로 운영될 수밖에 없다. 기술뿐만 아니라 미용에 관한 다양한 트렌드를 소개하고, 고객에게 전달하는 것이 핵심 콘텐츠이기 때문에 빠르게 변화하는 트렌드를 쫓지 못하면 운영이 어렵다. 매력적인 만큼 손이 많이 가는 구조다.

이처럼 2차 컨셉까지 정해야 카페의 기본 방향이 완성된다고 볼 수 있다.

앞서 알려준 사례들을 참고하여 본인만의 명확한 컨셉을 설정하길 바라며, 다음 표를 하나씩 채워 보자.

1차 컨셉 작성

컨셉 단어	내부적 영속성	외부적 영속성

2차 컨셉 작성

1차 컨셉	2차 컨셉	외부적 영속성

3-2

대형 커뮤니티 따라가다가 가랑이 찢어진다

초보 카페 매니저가 일반적으로 하는 많은 실수 중 하나가 바로 대형 카페만을 바라보고 그들처럼 되려고 하는 것이다. 물론 처음 카페를 개설하는 입장에서 보고, 배우고, 만들고 싶은 카페는 대형 카페일 것이다. 하지만 단언컨대 회원 수가 수만, 수십만 명의 카페를 따라가려고 한다면 당신은 바로 망한다. 속된 말로 가랑이가 찢어진다는 말이다.

하나 명심해야 할 것은 대형 카페들은 이미 조직화되어 있다는 점이다.

초보 매니저 또는 카페를 개설하려고 하는 사람들이 놓치기 쉬운 부분 중 하나이며, 필자도 카페를 운영하기 전까진 명확히 알지 못했던 부분이기도 하다. 특히 운영진의 규모에 대해 전혀 알지 못하고 막연

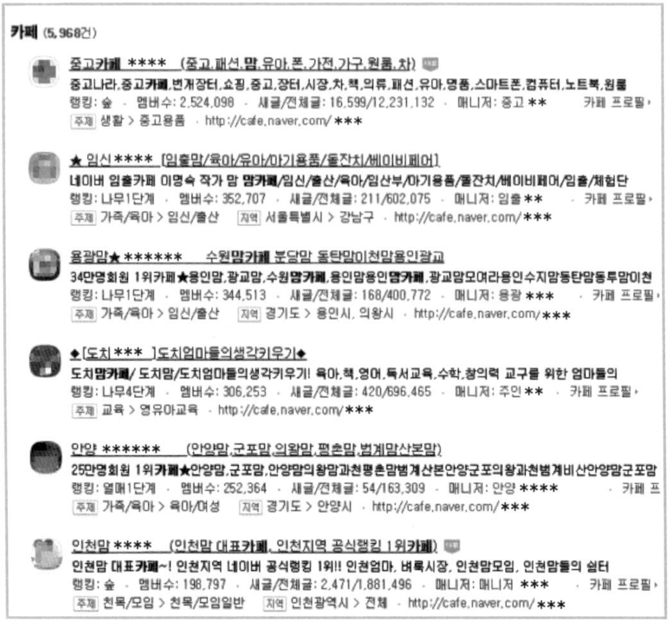

그림 3-3 회원 수 10만 명 이상의 대형 카페들은 초보 매니저들에게 매력적인 벤치마킹 모델이다.

하게 '게시판을 컨셉에 맞게 많이 만들면 되겠지' 라고 생각했던 적이 있었다.

우리가 알고 있는 많은 카페는 이미 개인들이 모여서 관리하는 작은 조직을 넘어서서 '회사' 단위의 조직이 운영하는 것이 일반적이다.

그렇다면 '회사'는 어째서 카페를 운영할까?

그것이 바로 그들의 '마케팅' 수단이며 사업적인 비즈니스 모델 중 하나이기 때문이다. 당신도 카페를 통해 마케팅을 하고, 부를 축적하고 싶어서 지금 초보 매니저가 되려고 하는 것이 아닌가?

지금부터 몇 가지 사례를 통해 왜 대형 카페를 무작정 따라하면 안 되는지 설명해 보도록 하겠다.

취업대학교라는 취업준비생들의 커뮤니티가 있다.

회원 수 68만 명의 대형 취업 커뮤니티이며, 해당 분야의 2017년 대표 카페이기도 하다. 이런 대형 커뮤니티는 어떻게 운영되는 것일까?

그림 3-4 취업 준비생 커뮤니티 취업대학교 네이버 카페

그림 3-5 **취업대학교를 운영하는 주식회사 라온데이즈**

카페 메인 하단에 관련 제휴와 문의를 할 수 있는 메뉴에서 정보를 찾을 수 있다.

해당 카페는 '라온데이즈'라고 하는 회사에서 운영하는 카페이다. 물론 라온데이즈는 취업대학교를 생성하여 현재까지 성장시킨 매니저가 운영하는 회사이지만, 우리가 생각했던 것처럼 개인이 운영하는 대형 커뮤니티는 아닌 것이다.

이 외에도 당신이 만들고자 하는 컨셉의 다른 카페 중 대형 카페들을 유심히 살펴보길 바란다. 사업자를 걸고 카페를 운영하는 곳도 있

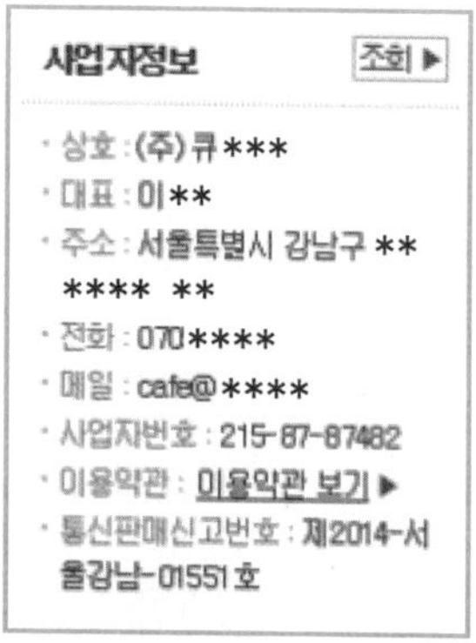

그림 3-6

지만, 그렇지 않은 곳이라 하더라도 회사의 형태를 띠고 있지 않을 뿐 이지 구조적으로는 조직화되어 움직이는 곳이 있을 것이다.

[그림 3-6]의 사업자 정보는 어떤 카페를 운영하는 회사일까?

바로 우리가 익히 알고 있는 '중고나라'를 운영하는 회사이다. 이런 대형 카페들에서 보고 배워야 하는 건 장기적으로 우리가 만들고자 하는 카페의 큰 그림 정도이다.

처음 카페를 만들면서 무작정 따라 하다가는 운영이 되지 않아 초반에 큰 어려움을 겪을 수 있다.

그렇다면 대형 카페에서 배울 점은 무엇일까?

뒤에서 설명하겠지만 대형 카페의 이벤트 진행 방식은 눈여겨봐 둘만 하다. 물론 처음부터 큰 금액이 드는 이벤트를 진행하기에는 무리

	[렌탈고 이벤트] 판매, 렌탈하실 상품만 등록하면 1개당 1만원씩 현금을 드립니다! [5]	트**	2018. 05. 14.	904	5
	[푸드타파스 이벤트] 회원가입 하고 공짜 음식 먹고! [16]	비밀***	2018. 05. 16.	337	3
	[글로우픽 이벤트] 리뷰만 남겨도 화장품 득템! [5]	트**	2018. 05. 15.	435	3
476343669	[푸드타파스 이벤트] 회원가입 하고 공짜 음식 먹고! [16]	비밀***	2018. 05. 16.	337	3
476018719	[글로우픽 이벤트] 리뷰만 남겨도 화장품 득템! [5]	트**	2018. 05. 15.	435	3
475715006	[렌탈고 이벤트] 판매, 렌탈하실 상품만 등록하면 1개당 1만원씩 현금을 드립니다! [5]	트**	2018. 05. 14.	904	5
472588270	[용달 서비스] 2만원대의 용달서비스가 등장했다! 중고나라 용달서비스! [26]	트**	2018. 05. 03.	1만	26
472213069	[BC카드 이벤트] 5월엔 비씨카드로 5라! [33]	트**	2018. 05. 02.	1만	12
471948441	[GS25 이벤트] 회원가입하면 1,000원! 당일택배 보내도 1,000원! [37]	트**	2018. 05. 01.	4만	63
404811139	[서울나무치과] 얼굴 공개 없는 치아교정 지원자 모집	트**	2017. 08. 28.	2만	54

그림 3-7 중고나라뿐만 아니라 지향하는 컨셉을 가진 카페의 다양한 이벤트를 살펴보자.

그림 3-8 **1~2천 명 규모의 카페 운영 방식도 초보 매니저에겐 숙지해야 하는 과제 중 하나다.**

가 있겠지만, 단계적으로 이벤트라는 것이 초기 카페를 활성화시키는데 중요한 역할을 해 줄 수 있기 때문에 비슷한 컨셉의 대형 카페들이 어떤 이벤트로 회원들의 마음을 사로잡는지 알아야 한다.

반대로, 대형 카페만 눈여겨 볼 것이 아니라 작은 소규모 강소 카페들의 운영도 눈여겨 볼 필요가 있다.

작은 카페는 문어발식 게시판이나 다양한 콘텐츠를 광범위하게 적용하기보다는 적더라도 강력한 하나의 방향으로 운영되어야 한다. 대형 카페를 처음부터 따라 하기보다는, 당장 할 수 있는 것과 그렇지 못한 것을 나누고 당장 할 수 있는 것에 집중하는 것이 맞다.

다만, 직접 찾아보면 느끼겠지만 작은 카페 중에서 생각처럼 운영이 잘 되는 곳을 찾기는 쉽지 않을 것이다.

카페의 활동량, 등급, New(신규) 게시물, 이벤트 등을 종합적으로 살펴봐야 하는데, 대부분의 작은 카페 매니저들은 앞서 필자가 밝힌 실수들을 통해 이미 카페를 떠났거나 최소한의 활동만을 하고 있을 확률이 높다. 그만큼 초기 카페를 성공시키기란 쉬운 일이 아니다.

3-3

스탭은 과연 얼마나 필요할까?

앞서 우리는 대형 카페가 혼자서 운영되지 않는다는 사실을 알게 되었다. 그렇다면 장기적으로 어떤 사람들과 어떻게 운영을 해 나아가야 할 것인가? 이 숙제에 관해 이야기해 보고자 한다.

그림 3-9　현재 글을 쓰는 시점의 카페 회원 수는 2,177명이다.

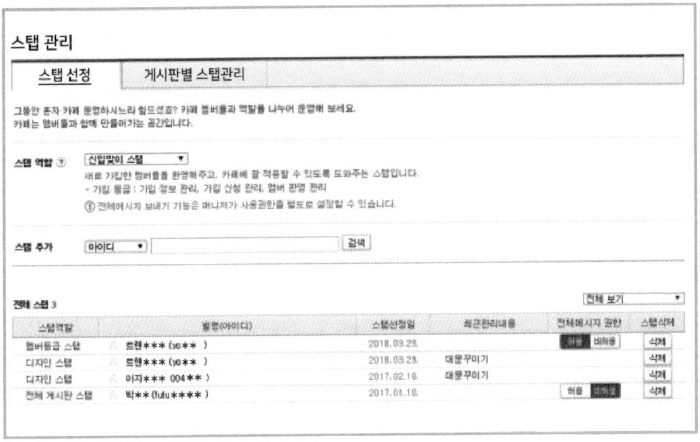

그림 3-10 학생부종합전형 이야기 카페의 스탭 현황

일단 먼저, 필자가 운영하는 카페를 예로 설명하고 다른 카페들을 살펴보도록 하자.

현재 우리 카페의 스탭은 매니저를 제외하면 2명으로 구성되어 있다.

카페를 처음 개설했을 때 필요한 스탭으로는 디자인 스탭이 있다. 물론 매니저가 디자인을 간단히 할 수도 있고, 디자인을 할 줄 아는 매니저라면 좋은 퀄리티의 디자인이 가능할 것이다.

필자의 경우 디자인 능력은 없으므로 아는 후배를 통해 카페의 대문과 상단 디자인을 전체적으로 맡기면서 디자인 스탭을 맡겨놓은 상태이다.

디자인 스탭의 경우 카페 메뉴의 구성부터 아이콘 등 전체 카페의 분위기와 구조를 결정하는 만큼 중요한 위치이며, 회원이 늘어날수록 그 역할이 커지게 되고, 향후 광고 마케팅까지 카페의 운영 범위를 넓히게 되었을 때 내부에서 배너를 디자인해야 하기 때문에 초반에 없더라도 나중에는 꼭 필요한 스탭 중 한 명이다.

타이틀 디자인의 경우, PC에서만 나오는 화면이지만 PC에서 카페를 들어올 때 가장 눈에 띄는 메인타이틀이기 때문에 소홀할 수 없다.

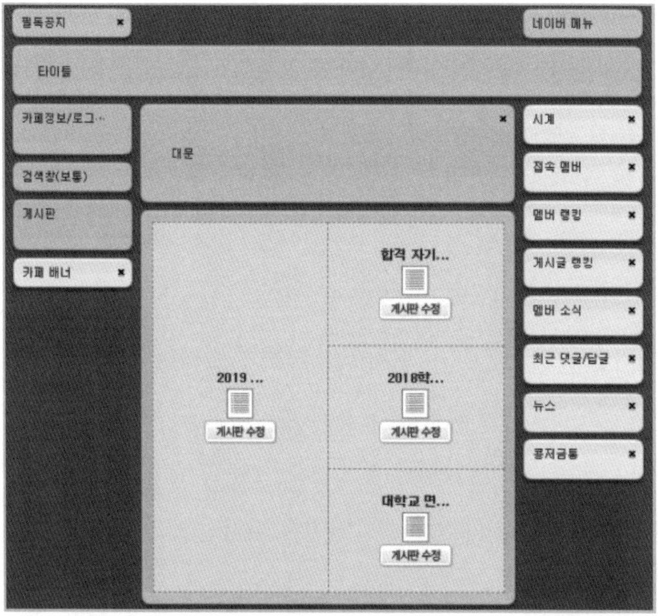

그림 3-11 디자인 스탭(또는 매니저)이 꼭 해야 하는 레이아웃 디자인 설정

그림 3-12 타이틀 디자인이 가장 중요하다.

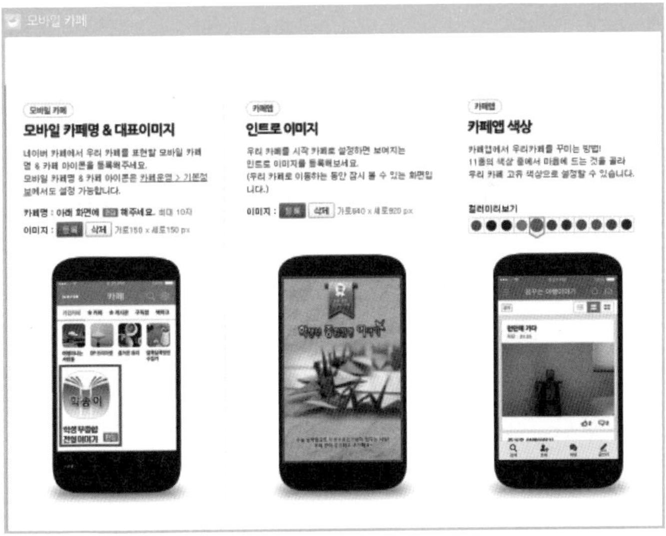

그림 3-13 모바일 카페의 아이콘과 인트로 이미지 세팅도 디자인 스탭의 몫이다.

초기 카페는 더욱더 신경 써야 하는데, 콘텐츠도 부족하고 메뉴도 많지 않은 상태에서 타이틀까지 단조롭거나 눈에 띄지 않게 구성된다면 정말 '아무것도' 없는 카페처럼 느껴지기 때문이다. 그래서 필자의 경우 초기 카페 타이틀 구성에 많은 공을 들였다.

요즘은 모바일 유입량도 무시할 수 없기 때문에 모바일 아이콘과 인트로 이미지도 공을 들여 만들었다.

또 다른 스탭 한 명은 메인 메뉴의 광고 배너 교체와 회원들의 정보 관리를 위한 스탭이다.

우리 카페의 경우 이렇게 매니저, 부매니저, 스탭 2명으로 총 4명 정도가 관리하고 있지만 실제로 많이 활동하는 멤버의 수는 2명 정도이다. 나머지는 필요할 때마다 조금씩 작업을 해 주고 있다.

사실 조금 부지런한 매니저라면 초기 카페는 1~2명 정도로 충분히 운영이 가능하다.

그렇다면 대형 카페는 어떨까? 카페의 운영진이 아닌 이상 스탭의 전체 현황을 한눈에 보기는 어렵기 때문에 연혁을 통해 유추해 보도록 하자.

[그림 3-14]에서 보이듯 중고나라의 경우 수십 명의 카페 스탭이 존재한다.

일단 개별 게시판을 담당하는 개별 게시판 스탭이 가장 많고, 디자인 스탭, 전체 게시판을 총괄할 수 있는 전체 게시판 스탭, 멤버 등급

그림 3-14 중고나라의 2017~2018 스탭 현황

을 관리할 수 있는 등급 스탭 등이다.

아무래도 회원 수가 많다는 건 그만큼 각 게시판에 불특정한 목적의 글이 많이 올라올 수 있다는 의미이고, 이런 게시물을 빠르게 삭제하거나 이동하지 않으면 카페 전체의 분위기가 순식간에 안 좋아지거나 회원들이 불편할 수 있기 때문에 개별 게시판을 관리하는 스탭의 역할이 그만큼 중요할 것이다. 매니저 혼자서 수십 개가 넘는 게시판을 매번 관리할 수도 없는 노릇이니 말이다.

또한 광고성 게시글이나 운영 방침에 어긋나는 행동을 하는 회원들의 등급을 강등하거나 활동을 정지시키는 역할을 하는 멤버 등급 스탭도 필요할 것이다.

카페가 커지면서 많은 사람의 손을 빌려야 운영되고, 그렇게 운영되다 보면 조직적인 구조를 가질 수밖에 없겠지만 초기 카페는 매니저가 하나부터 열까지 다 챙겨야 한다는 점을 명심하자.

필자가 생각하는 스탭의 수는 초기 카페의 경우 상황에 맞게 회원 수 1천 명당 1명꼴로 운영하다가 카페가 커지고 그 필요에 따라 상황에 맞게 조절하는 것이 맞다. 또한 활동이 왕성한 회원과 이야기하여 원하는 분야의 스탭을 맡겨 카페를 관리하도록 하는 것도 좋은 방법이다.

3-4

전체 쪽지 & 초대 기능을 통한 성공 회원 유치 방법

카페를 처음 개설하면 해야 할 것이 참 많다. 디자인, 메뉴 구성, 홍보, 관리 등 스탭이 있다면 매니저와 역할을 나눠서 진행할 수 있으니 조금은 손을 덜 테지만, 꼭 매니저가 해야 하는 것이 있다.

바로 카페 홍보다. 카페 홍보는 초기에는 무조건 매니저가 발로 뛰면서 할 수밖에 없다.

디자인은 매니저보다 능력 있는 디자인 스탭에게 맡겨도 되고, 카페의 메뉴 배치 등도 다른 사람을 통해 할 수 있다. 하지만 카페를 알리고 회원을 유치해야 하는 홍보만큼은 매니저가 해야 한다.

물론, 초반 마케팅 비용을 감당할 수 있는 자금 현황이라면 카페 홍보를 외주로 맡길 수도 있겠지만, 이제 멤버 1명인 카페를 외주 비용 수십에서 수백만 원을 들여서 홍보할 매니저는 많지 않을 것이다.

이 책을 읽는 독자들은 결국 카페 매니저로 성공하여 브랜드를 만들고, 그 브랜드를 바탕으로 마케팅을 펼쳐서 돈까지 벌어보고 싶은 사람들이 아닌가? 그러기 위해서는 결국 처음부터 하나하나 만들어나갈 줄 알아야 한다.

1명 있는 카페, 그 첫 번째 할 행동은 바로 기본 콘텐츠 업로드다. 의도에 맞게 게시판을 몇 개 생성했다면, 그 게시판에 의미 있는 글들을 올려두자. 게시판별로 한두 개씩 대략 10개 미만이어도 괜찮다.

이때 본인이 스스로 작성한 칼럼 형태의 기고글이 최소 3개 정도는 되어야 한다. 칼럼의 경우 글이 길어야 한다고 생각하는 사람들이 많은데, 꼭 그렇지 않다.

평균 A4 한쪽 정도에 가벼운 느낌의 이모티콘 등을 적절히 섞어주면서 카페 컨셉에 맞는 글을 만들어나가면 좋다.

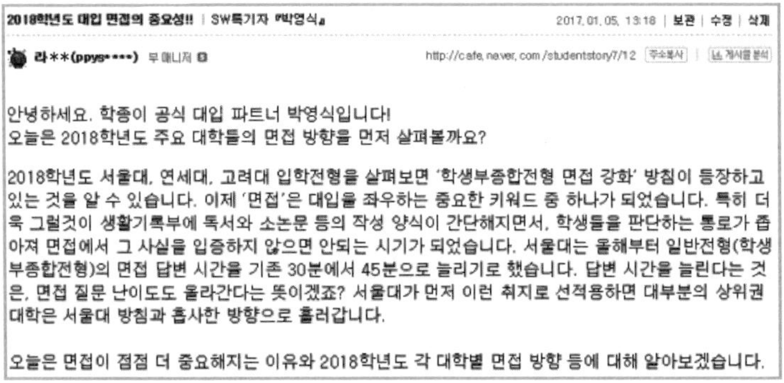
2018학년도 대입 면접의 중요성!! | SW특기자 『박영식』 2017. 01. 05. 13:18 | 보관 | 수정 | 삭제

라**(ppys****) 부매니저 http://cafe.naver.com/studentstory7/12 주소복사 | 게시글 분석

안녕하세요. 학종이 공식 대입 파트너 박영식입니다!
오늘은 2018학년도 주요 대학들의 면접 방향을 먼저 살펴볼까요?

2018학년도 서울대, 연세대, 고려대 입학전형을 살펴보면 '학생부종합전형 면접 강화' 방침이 등장하고 있는 것을 알 수 있습니다. 이제 '면접'은 대입을 좌우하는 중요한 키워드 중 하나가 되었습니다. 특히 더욱 그럴것이 생활기록부에 독서와 소논문 등의 작성 양식이 간단해지면서, 학생들을 판단하는 통로가 좁아져 면접에서 그 사실을 입증하지 않으면 안되는 시기가 되었습니다. 서울대는 올해부터 일반전형(학생부종합전형)의 면접 답변 시간을 기존 30분에서 45분으로 늘리기로 했습니다. 답변 시간을 늘린다는 것은, 면접 질문 난이도도 올라간다는 뜻이겠죠? 서울대가 먼저 이런 취지로 선적용하면 대부분의 상위권 대학은 서울대 방침과 흡사한 방향으로 흘러갑니다.

오늘은 면접이 점점 더 중요해지는 이유와 2018학년도 각 대학별 면접 방향 등에 대해 알아보겠습니다.

그림 3-15 **카페에 작성한 칼럼 중 일부 발췌**

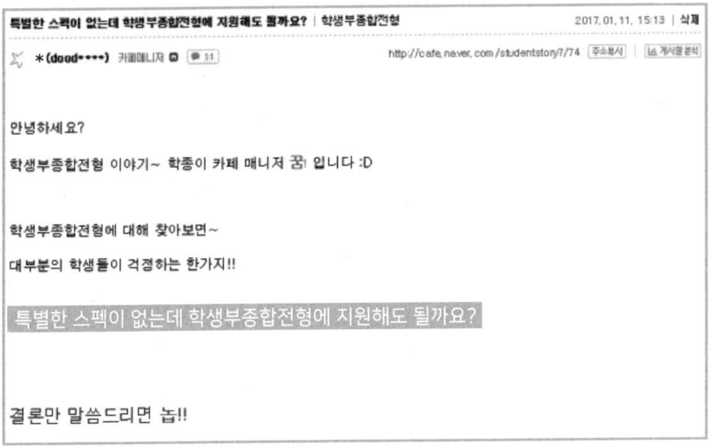

그림 3-16 Q&A 형태의 컨셉글도 효과적이다.

또한 카페 컨셉에 맞는 Q&A 형태의 칼럼이나 게시글도 매우 효과적이다.

예를 들어 그 분야에서 평소에 궁금한 부분들을 매니저가 글로 풀어내고 정답까지 글 안에 넣는다면 그 자체로 재미있는 하나의 콘텐츠가 될 것이다.

이렇게 콘텐츠를 하나둘 쌓는다. 콘텐츠가 네이버나 구글의 Bot(자동수집기능)에 전달되고 검색되게 하기 위해서는 칼럼 작성 시 옵션을 전체공개로 하는 것도 잊지 말자.

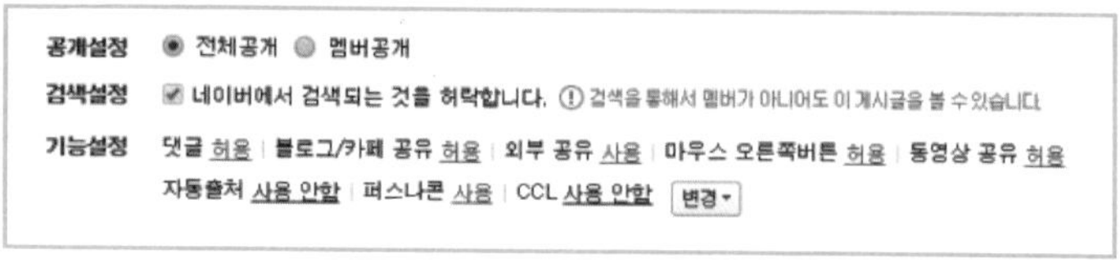

그림 3-17 **전체공개 게시물과 멤버공개 게시물**

초반 카페는 무조건 사람들이 들어와서 머무르는 시간을 만들어야 하므로 게시글을 전체공개로 해놓는 것이 맞다.

하지만 카페 규모가 일정 이상 되고, 콘텐츠가 쌓여서 누가 봐도 카페의 컨셉대로 명확히 운영되는 시점부터는 전체공개보다는 멤버공개 옵션을 이용하여 가입하지 않으면 게시물을 볼 수 없도록 하는 것도 좋은 전략이다.

멤버공개 옵션의 경우, 검색설정을 통해 네이버에서 검색되도록 하는 것도 가능한데 만약 검색설정 옵션을 체크하지 않는다면 외부에서 검색되지 않기 때문에 카페멤버인 상태에서만 게시글을 확인할 수 있기 때문에 추천하지 않는다. 멤버공개와 함께 네이버에서 검색되는 것을 허락해놓은 상태가 나중에는 가장 이상적인 상태가 될 것이다.

이렇게 며칠간 칼럼과 외부 자료들을 긁어서 카페 내에 콘텐츠를 만드는 데 집중하자.

성격이 급한 매니저들은 개설 첫날부터 사람들을 모으기 위해 고군분투하는데 굳이 그럴 필요는 없다. 왜냐하면 카페는 장거리 마라톤에 가깝고, 초반에 너무 속력을 내면 후반까지 가지 못하고 지쳐서 낙오할 확률이 높기 때문이다. 무엇보다 꾸준함이 중요한 부분이다.

이렇게 한 3일에서 일주일 정도 콘텐츠를 쌓자. 하루에 2~3개 정도 올려놨다면 대략 10~20개 정도의 콘텐츠가 쌓였을 것이다.

이 기간에는 자동수집 Bot이 긁어가서 검색된 콘텐츠도 있을 것이고, 아직 그렇지 못한 콘텐츠도 있을 것이다. 외부에서 글을 보고 가입한 회원이 있을 수도 있지만, 없다고 너무 상심할 필요는 없다. 그 이유는 우리는 아직 홍보 마케팅을 시작하지 않았기 때문이다.

자, 그러면 이제 가장 중요한 홍보를 시작해 보자!

일단 우리가 할 수 있는 돈 안 드는 홍보로는 '쪽지' 발송이 있다. 당신이 생각하는 바로 그 '네이버 쪽지' 기능이다. 그러면 이 쪽지 홍보를 어떻게 하면 효율적인지 확인해 보자.

쪽지와 잠시 뒤에 설명할 초대도 마찬가지지만, 타겟이 필요하다.

그 첫 번째로 타겟을 설정해야 하는데, 생성한 카페와 컨셉이 겹치는 다른 중대형 카페를 먼저 찾아보자.

예를 들어 필자의 경우 교육 카페이기 때문에 관련된 카페를 고르면 대략 다음과 같다.

1. 학부모들이 활동하고 있는 맘카페

2. 초, 중, 고 학부모 교육 카페

3. 교육 정보 카페

4. 기타 지역카페

1번의 경우, 맘카페에는 일단 어머니들이 활동할 확률이 높다는 점에서 타겟팅이 좋다고 할 수 있다.

다만 관심분야가 교육이 아닐 확률이 높고, 자녀들의 나이대가 안 맞을 수도 있지만 카페 내에서 교육과 관련된 카테고리에서 활동하고 있는 회원들을 찾아내어 홍보한다면 나름의 성과를 기대할 수도 있을 것이다.

2번의 경우, 타겟팅하기 좋은 회원들을 많이 보유하고 있다는 장점이 있다.

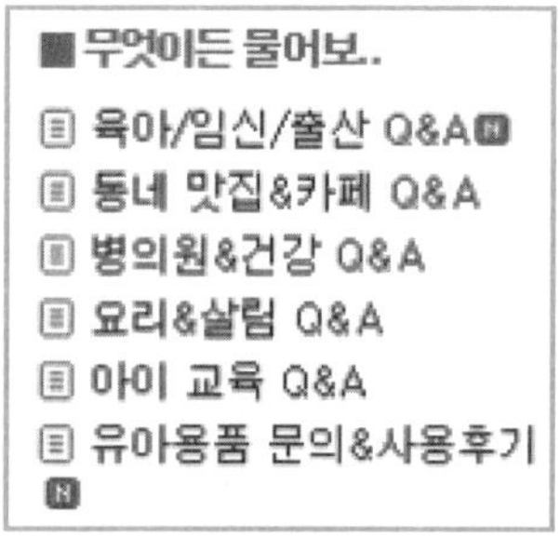

그림 3-18 맘카페 내에서의 타겟팅 메뉴들

그림 3-19 **회원들이 많이 모여 있는 타겟 카페 중 대형 카페를 노리는 것도 좋다.**

필자의 경우 초등학생은 직접적인 타겟은 아니지만, 장기적으로는 회원이 될 확률이 높은 그룹 층이기 때문에 우선순위는 낮지만 지속해서 관심을 가졌다.

3번의 경우, 필자가 원하는 회원들이 가장 많이 모여 있는 곳이라고 할 수 있다.

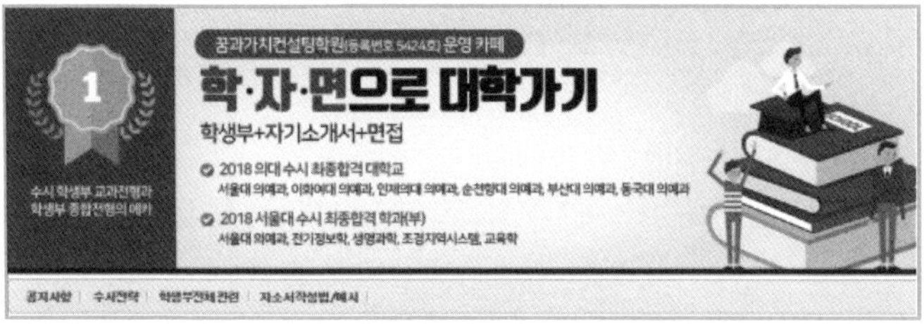

그림 3-20 **기존 운영되는 카페 중 컨셉이 겹치는 카페를 잘 활용하자.**

겹치거나 비슷한 고민을 가진 회원들을 가진 기존 카페들을 분석하고 그중 일부 회원들을 우리 카페로 유입시킬 수 있기 때문에 가장 적절하다.

이렇게 타겟을 확보할 수 있는 기존 커뮤니티들을 조사했다면 다음은 해당 커뮤니티의 회원들을 우리 카페로 유입시키는 전략이 필요하다.

앞서 이야기한 쪽지와 초대 두 가지 기능을 이용해 회원 유치가 가능한데, 쪽지보다는 초대 기능이 더욱 강력한 반면, 기능의 제한이 있기 때문에 더욱 전략적으로 사용해야 큰 효과를 거둘 수 있다.

26493	출첵합니다 [1] N
26492	출석합니다 [1] N
26490	출석합니다^^ [1] N
26489	출석체크 [2] N
26486	출석합니다. [1] N
26480	습도 [3] N
26476	출첵 [2] N
26475	계속눈여겨보다가 [4] N
26473	출석체크용 [4] N
26468	출쌕 [4]
26467	출석체크 [4]
26463	출석 [4]
26461	출석 [4]
26460	출첵 [5]
26459	출쌕 [3]

그림 3-21 **출석체크 메뉴도 활동량을 가늠할 수 있는 좋은 메뉴 중 하나이다.**

회원을 초대하거나 쪽지를 전송할 때 주의해야 하는 점은 바로 최근 활동량을 확인해야 한다는 점이다. 초대나 쪽지 모두 제한이 있는 기능이기 때문에 무한히 사용할 수는 없다.

활용량을 체크하는 가장 좋은 방법으로는 바로 가입인사 메뉴를 통해 올린 게시글을 기준으로 활동량을 추측해 보는 것이다.

카페마다 메뉴의 이름은 조금씩 다를 수 있기 때문에 가입인사, 등업신청, 자유게시판 등을 확인하며 카페에서 최근 가장 게시글이 많이 올라오는 항목을 찾아내야 한다.

이렇게 회원들이 활동하는 메뉴를 찾았다면, 초대 또는 쪽지를 통해 우리 카페를 홍보해야 한다. 이때 홍보 순서는 최근 올라온 게시물을 기준으로 역순으로 내려가면 효과적인데, 이렇게 홍보를 역순으로 하다 보면 가입이나 활동이 2~3개월 전으로 넘어가게 된다. 이때 다른 카페를 찾아서 다시 반복해 주면 효율적인 홍보가 가능하다.

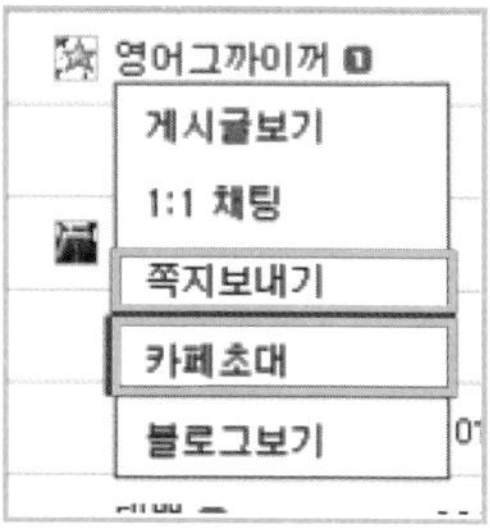

그림 3-22

닉네임을 오른쪽 클릭하면 [쪽지보내기], [카페초대] 메뉴가 나오니 이 두 가지 기능을 이용하여 카페 홍보를 시작하도록 하자.

홍보 문구는 최대한 진정성 있는 내용으로 구성하도록 하며, 광고의 느낌을 최대한 지워주는 것이 좋다. 그렇기에 매니저가 직접 초대나 쪽지를 통해 홍보하는 것이 가장 효과적이다.

특히 초대기능의 경우, 자동으로 이메일 발송, 네이버 카페 앱이 설치된 회원에게는 초대 푸시가 전송되기 때문에 발송 후 10~20% 정도로 높은 가입률을 기대할 수 있다.

반면 쪽지는 상대적으로 읽는 빈도나 스팸 처리될 확률이 높기 때문에 초대만큼의 가입률을 기대하기는 힘들지만, 이제 막 카페를 개설한 매니저라면 찬밥 더운밥 가리지 말고 모든 기능을 활용해 보자.

콘텐츠를 꾸준히 쌓고, 홍보 또한 꾸준히 한다면 회원 수가 늘어나는 것을 눈으로 직접 확인할 수 있을 정도로 카페가 빠르게 성장할 것이다.

3-5

카페, 밴드, 그리고 페이스북까지?

카페를 어느 정도 운영하다 보면 카페의 가입 경로와 커뮤니티 채널을 여러 가지로 만들고 싶은 욕심이 생길 것이다. 이는 욕심이 있는 매니저라면 당연한 생각이니 이런 생각이 들었다고 너무 과한 욕심이지 않을까 같은 생각은 접어둬도 좋다.

필자의 경우, 카페를 기준으로 현재 네이버 밴드, 페이스북 페이지를 운영하며 여러모로 카페 콘텐츠를 알리고 회원들의 유입 경로를 다각화시키려 노력하고 있다.

그림 3-23 **학생부종합전형 이야기 페이스북 페이지**

페이스북의 경우 장점으로는 빠른 개설이 가능하다는 점과 저렴한 비용으로 타겟들에게 홍보가 가능하다는 점이다. 다만 페이스북 페이지를 꾸준히 알리기 위해서는 지속적인 마케팅 비용이 들어가고 콘텐츠를 꾸준히 올려야 한다는 점에서는 운영하는 데 있어서 난이도가 낮지 않은 편이다.

또한 페이스북에 올리는 콘텐츠는 칼럼이나 텍스트가 매우 비효율적인데, 아무래도 빠르게 전환되고 다양한 콘텐츠를 한눈에 볼 수 있는 페이스북 구조상 회원들의 눈을 사로잡으려면 글보다는 사진, 사진보다는 영상이 더욱 효과적일 수밖에 없다.

그림 3-24 '카드뉴스 템플릿'으로 검색하면 다양한 기본 템플릿을 확인 가능

그래서 페이스북에서 많이 사용되는 콘텐츠 중 하나가 바로 사진과 짧은 글을 섞어놓은 카드뉴스 타입의 홍보 방식이다.

영상의 경우 편집을 통해 짧게는 1분에서 길게는 5분 정도의 내용으로 구성해야 한다.

너무 길면 사람들이 끝까지 집중해서 보지 않기 때문에 주요 이슈들과 전달하고자 하는 내용만을 모아서 편집해야 하는데, 매니저가 편집할 줄 모른다면 좋은 퀄리티의 영상을 만들기 어렵고 시간이 많이 소모되므로 초반부터 페이스북 페이지 광고에 많은 에너지를 쏟을 필요는 없다.

페이스북 페이지의 경우 단방향으로 관리자 측에서 콘텐츠를 전달해야 하므로 어느 정도의 콘텐츠가 카페 내에 쌓였을 때 그 콘텐츠들을 페이스북에 맞게 카드뉴스 또는 영상으로 편집하여 올리는 것이 효율적이다. 1일 1게시물 포스팅을 기준으로 하여 한 달 이상 올릴 수 있는 콘텐츠가 모였을 때 도전하는 것이 바람직하다. 그렇지 않고 마음만 앞서서 페이스북 페이지를 만들어놓으면 관리도 되지 않을뿐더러 콘텐츠도 올라가지 않아서 큰 효과를 기대하기 어렵고 신경만 쓰이게 된다.

네이버 밴드의 경우 페이스북과는 조금 성격이 다르다.

밴드는 카페처럼 양방향 소통이 가능하며, 회원들이 글을 쓰거나 콘텐츠를 올리고 질문을 할 수 있기 때문에 카페와 비슷하지만 좀 더 좁은 소통 창구로 사용하기에 적합하다.

페이스북도 마찬가지지만, 밴드도 카페 회원들을 다양한 채널로 활

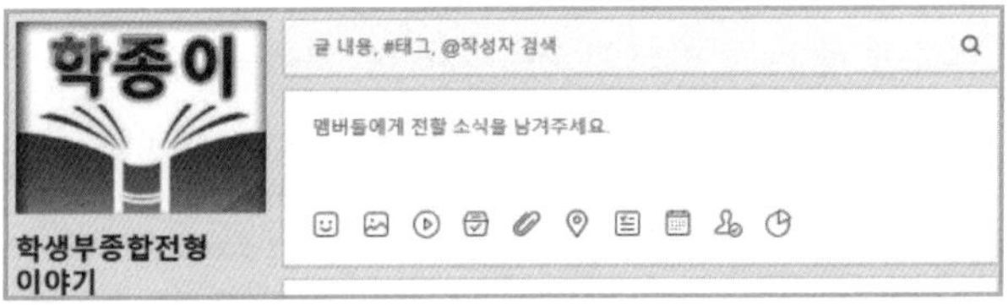

그림 3-25 **학생부종합전형 이야기 밴드**

그림 3-26 밴드 내에서 회원들끼리 서로 질문과 소통이 가능하다.

동하도록 하는 것을 1차 목표로 두고, 2차 목표로 카페를 모르는 외부 회원들이 다각화된 채널을 통해 유입되도록 기대할 수 있을 것이다.

밴드의 경우 페이스북처럼 카드뉴스나 영상으로 홍보하는 것보다는 핵심적인 짧은 글을 올려서 회원들과 댓글로 소통하는 것이 적합하다.

물론 밴드에도 카드뉴스나 영상을 올릴 수는 있지만, 밴드의 성격상 대부분 짧은 글들로 채워지기 때문에 이 분위기를 해치거나 따로 노는 느낌을 주면서까지 활동할 필요는 없다.

그림 3-27 밴드에서는 카페 게시글로 링크를 만들어 외부에서 들어온 회원들이 카페로 유입될 수 있도록 하는 선순환 구조가 가능하다.

페이스북도 마찬가지지만, 밴드 역시 카페를 모르는 회원들이 존재할 수 있기 때문에 카페의 콘텐츠를 각 채널에 홍보하고, 네이버 카페로 유입될 수 있도록 하는 활동도 필수적이다.

지금까지 네이버 카페를 중심으로 다양한 추가 채널들을 알아보았는데 경험상 각 채널을 관리하는 스탭이 존재하지 않는다면 현실적으로 매니저 혼자서 카페, 페이스북, 밴드를 모두 관리하기는 어렵다.

채널마다 올려야 하는 콘텐츠의 유형이 다르고, 시기와 활동하는 회원들의 형태도 다르기 때문이다. 이런 채널들의 특징을 잘 파악하여 카페의 활동 범위를 확장할 때 스탭을 선정하는 것도 고민해 볼 필요가 있으며, 그 시기도 잘 골라야 할 것이다.

Chapter 4

회원들이 몰려들게 만드는 가장 확실한 방법

4-1

주변 가입을 이용한 나와의 약속 지키기

처음 카페를 만들면 아무것도 없는 공간에 매니저 1명만이 있을 것이다.

지금은 의지가 충만하겠지만 당장 내일 어떻게 변할지 모르는 게 사람 마음이라, 지금 그 마음을 쭉 간직하는 의지가 필요하다. 필자의 경우 이럴 때 의지를 확고하게 하기 위해 썼던 방법 중 하나가 바로 주변 지인들에게 카페의 존재를 알리고 가입을 요청하는 것이었다.

영업사원들이 주변 지인들에게 영업하면 망한다는 속설을 어디선가 들은 적이 있는데, 그렇다고 우리 카페가 망하진 않았으니 걱정하지 않아도 된다.

일단 가장 가까운 지인으로 배우자, 회사 직원들을 이용해 초기 회원 수를 두 자리까지 늘릴 수 있었다.

그래도 1명보단 10명이 낫다고, 처음 그 뿌듯함을 아직도 잊을 수 없다.

이 이야기를 강조하는 이유는 기존에 만들어서 망했던 몇 개의 카페들 같은 경우에는 내가 개설하고 주변 누구에게도 개설과 운영에 대해 알리지 않았기 때문이다.

그렇기 때문에 자고 일어나서 귀찮아지면 관리는 다음으로 미루게 되고, 콘텐츠도 올리지 않게 되고, 결국 운영이 잘되지 않는 악순환의 고리를 끊지 못했다.

그런데 주변에 가입을 요청하고, 운영 계획을 간단하게라도 알리고, 실제로 하루 이틀 그렇게 운영을 하다 보니 가입된 지인들이 응원의 메시지를 보내주기까지 했다.

실제로 필자의 권유로 카페 초창기에 가입한 친구는 가끔 농담으로 카페 정모에 자기도 참석할 수 있는 거냐고 너스레를 떨기도 한다.

또 한 가지 좋은 점은 유령회원에 가깝겠지만, 그래도 회원 수가 늘어난다는 점이다.

초기 카페에서 회원 한 명 한 명은 매우 소중한 자산이므로, 주변 지인들이 가입을 해 줘서 2~10명 이상이 되면 홍보하는 입장에서도 나쁘지 않다.

필자의 경우에는 기존에 교육을 받았던 학생들에게 카페의 존재를 알리고, 카페의 방향성과 설립 취지를 통해 대학생들이 직접 멘토가 되어 활동하도록 권유하기도 했다.

아무래도 회원 중 대부분은 학부모일 확률이 높은 교육 카페의 특성상 대학생 멘토가 활동한다면 더 많은 글과 질문이 올라올 것이라고 예상했기 때문이다.

실제로 몇몇 대학생들은 초반에 많은 도움을 주었는데, 게시판에서 글을 직접 올려주기도 하고 회원들과 댓글로 소통하기도 하는 등 큰

그림 4-1 **주변 지인 가입은 극 초반 매니저에게 큰 동기부여가 된다.**

역할을 해 주었다. 하지만 이런 여러 가지 회원 모집 활동은 그 자체만으로는 장기적인 효과를 기대하기 어렵다. 아무래도 매니저의 권유로 가입한 상태이기 때문에 자발적 동기가 부족하고, 카페의 컨셉과 맞지 않는 회원들이기 때문에 활동 방향도 맞지 않기 때문이다.

그러므로 주변 지인 가입을 이용하는 것은 카페 생성 후 극 초반, 회원 수가 한 자리일 때 유효하다.

만약 주변 지인들에게 카페 개설 후 가입 요청을 하는 것이 부끄럽거나 아직 어렵게 느껴진다면 스스로 준비가 다 되어 있는지 되돌아볼 필요가 있다.

필자 역시 확고한 비전과 동기가 없을 때 가벼운 마음으로 개설 후 그 누군가에게 알리는 것이 부끄럽고 창피했던 시절이 있었기 때문이다. 하지만 그런 마음으로는 카페 회원을 100명도 모으기 어렵다는 점을 꼭 명심하자.

카페가 성장하려면 어떤 방법을 이용하든지 홍보가 되어야 하고, 콘텐츠를 널리 알릴 필요가 있다. 일면식도 없는 사람들에게 나를 알리고, 내 콘텐츠를 알리고, 내 카페를 알려야 하는 막중한 책임을 안고 있는 카페 매니저가 주변 사람들에게조차 알리지 못한다면 그 카페는 크게 성장하긴 어렵다고 볼 수 있지 않을까?

우리는 지금 블루오션에 뛰어들어 한가롭게 가만히 있어도 회원이

마구 늘어나는 그런 시장에 들어가려는 것이 아니다. 이미 수십만 개 이상의 카페가 개설되어 있고, 수만 명 이상 회원을 모아놓은 대형 카페들이 떡하니 버티고 있는 그런 시장에 들어가 회원을 모집하고, 카페를 키워야 하는 그 어떤 시장보다 레드오션인 시장에 들어가려고 하고 있다는 점을 잊어서는 안 된다.

자고 일어나면 회원이 몇 명씩 늘어나 있을 것이라고 생각하는가?

가입한 회원들이 하루에도 수십 개의 글을 올려줄 것이라고 생각하는가?

매니저가 쓴 글에 회원들이 광신도처럼 좋은 댓글을 남겨줄 것이라고 생각하는가?

그 어떤 것도 당신 생각처럼 되지 않는다. 자고 일어나도 회원 수는 여전히 1명일 것이다. 어렵게 가입시킨 회원들은 전혀 활동하지 않을 것이다. 매니저가 좋은글을 써도 조회 수가 올라가지 않을 것이다.

그렇다면 이런 상황을 어떻게 해결하고 성공하는 카페로 만들 것인가?

치열하게 고민하지 않으면 성장은 없다. 치열하게 활동하지 않으면 계속 외톨이 매니저로 남을 것이다.

어제의 나는 잊어라. 카페를 개설한 순간부터 자신이 주인이라고 생각하고 움직여라. 수동적인 모습은 모두 지워버려야 한다는 말이다.

필자의 경우 좋은 의도로 정보들을 카페에 퍼 나르고, 도움이 되는 글을 작성했을 때 작은 오류에도 회원들은 날카롭게 반응하여 댓글로 수정을 요청하곤 한다.

이런 댓글들이 달린다고 하여 회원들과 싸울 것인가?

내 의견에 동조하지 않는 회원들을 탈퇴시킬 것인가?

회원 한 명 한 명이 귀한 이 순간에 어떻게든 내 편으로 만들어야 한다. 내 카페의 진정한 회원으로 만들기 위해 아낌없는 정보와 진실한 댓글로 소통해야 한다.

이 과정을 거친 회원들은 누가 뭐라고 하지 않아도 알아서 활동하고, 누구보다 적극적으로 카페를 홍보하고 애정을 담아 활동할 것이다.

또한 카페가 어느 정도 회원이 모집되기 시작하면, 카페 정책에 맞지 않는 글을 올리는 회원들이 생기기 시작한다. 예를 들어 광고, 다른 컨셉의 글들, 외부 사이트 홍보 등 생각지 않는 글들이 올라온다.

이럴 때 매니저는 빨리 글들을 발견하고 글을 삭제하거나 다른 게시판으로 옮기는 등의 조치를 취해야 한다. 이런 쓰레기 글들이 카페에 쌓이면 좋은 점이 하나도 없기 때문이다.

이때 초보 매니저가 고민하는 내용 중 하나가 바로 해당 글을 올린

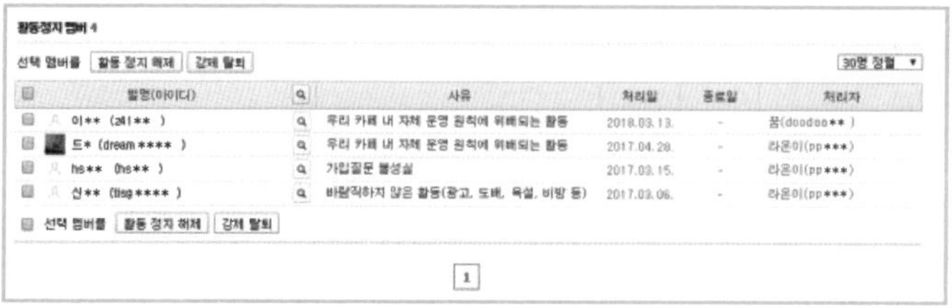

그림 4-2 **학종이에서 활동정지 중인 회원들**

회원에 대한 처리다.

강제 탈퇴를 시키자니 회원 숫자가 줄어드는 것이 신경 쓰이고…….

그렇다고 그냥 놔두자니 또 광고글을 올릴 것 같고, 이런 목적으로 가입한 회원이라면 앞으로 활동 방향도 우리 카페와는 맞지 않을 것이 분명하고……. 많은 고민이 될 것이다.

필자의 경우, 초반에 회원들이 줄어드는 것에 대한 스트레스가 꽤 컸기 때문에 이런 불량 회원들을 강제 탈퇴시키지 못했다.

대신 이런 글을 다시 올리지 못하도록 무기한 활동정지 처리를 하고, 회원 수는 유지하며 클린 지수를 높이는 방침을 취했다.

이렇게 활동정지 처리를 하면 스스로 탈퇴하는 회원도 있고, 이미지처럼 그렇지 않고 남아 있는 회원들도 있다. 사실 무기한 활동정지 상태이기 때문에 특별한 이유가 없는 한 이 회원들은 우리 카페에선 반영구적으로 활동하긴 어려울 것이다.

작지만 단호한 처리를 통해 카페의 분위기를 흐리거나 정책에 반하는 회원들을 정리하는 것은 카페 운영에 있어서 피할 수 없는 숙제 같은 것이다.

이 과정에서 탈퇴하는 회원들 때문에 어쩌면 스트레스를 받을 수도 있다.

필자도 어느 날 갑자기 아무런 이유 없이 회원 수가 하나둘씩 줄어 있는 것을 확인한 적이 있다. 지금이야 회원이 한두 명 줄어들어도 잘 모를 정도로 회원 수가 많이 늘어나긴 했지만 회원 수가 1천 명 이하일 때는 한 명 한 명이 대단히 크게 느껴지기 마련이다.

평소처럼 카페를 관리하기 위해 들어갔는데, 분명히 어제보다 회원이 한 명 줄어든 상태였음을 발견하고는 정말 온갖 생각을 한 적이 있다.

왜 탈퇴했을까? 무엇 때문일까? 내가 부족해서 탈퇴한 것일까?

그리고는 이유라도 알고 싶어서 관리 시스템에 들어가 봤지만, 탈퇴 멤버 1이라고 적혀 있을 뿐 별다른 탈퇴 이유는 알 수 없었다.

필자가 전하고 싶은 말은 탈퇴하는 회원들은 그 이유를 남기고 탈퇴하지 않는다는 점이다. 그리고 그 탈퇴가 꼭 매니저의 잘못 때문만은 아니라는 점이다.

개인의 이유일 수도 있고, 외부적 요인이 있을 수도 있고, 심지어 아이디를 해킹당했을 수도 있지 않은가?

우리가 해결할 수 없는 문제들 때문에 발목 잡히지 말고 남아 있는 회원들을 위해 더욱더 열심히 활동하도록 하자.

4-2

컨셉에 맞는 전문가 활용하기

앞서 스탭에 대해 이야기한 적이 있다.

카페의 규모에 따라 스탭을 선정하고, 그 역할을 나눈다면 매니저 혼자 감당하기 어려운 부분들을 스탭들이 역할에 맞게 활동하며 회원들의 불편을 해결하고 더 나아가 시너지 효과를 통해 더욱 빠르게 탄탄한 카페로 만들 수 있다는 이야기였다.

이번에는 스탭과는 좀 다른 개념의 전문가 회원들을 활용하는 방법에 관해 이야기해 보려고 한다.

앞서 설명한 스탭의 경우, 그 카페의 컨셉에 맞는 전문성을 가질 수도 있고, 전문 분야가 다를 수도 있다. 예를 들어 등산을 컨셉으로 하는 카페의 디자인 스탭은 등산 관련 지식이나 관심이 없어도 스탭으로 활동하는 데 큰 무리가 따르지 않을 것이다.

게시판 스탭들도 각 게시판의 성격을 이해하고 그 성격에 맞는 게시물이 올라오는지를 체크하며 활동하기 때문에 전문 지식이 있으면 좋겠지만 없어도 큰 관계는 없다. 기타 스탭들도 여기서 크게 벗어나진 않을 것이다.

하지만 지금 설명하는 전문가는 이야기가 다르다.

전문가들은 카페 컨셉을 이해하고, 그 컨셉과 자신의 전문 영역에 맞는 활동을 통해 카페 내에 양질의 콘텐츠를 제공하고, 회원들과 소통하며 카페의 신뢰도와 성장세를 돕는 역할을 한다.

예를 들어 현재 학종이에는 다양한 교육 전문가 멘토들이 활동하고 있다.

이를 위해 카페 회원 등급을 세부적으로 조정해놓고, 멘토들이 활동

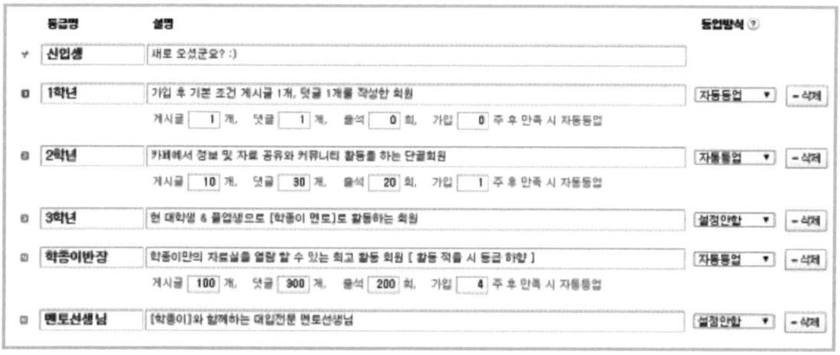

그림 4-3 멘토선생님은 멤버등급 내에서 최상위 등급으로 회원 최고 등급인 학종이 반장 등급보다 위에 있다.

할 수 있도록 각 게시판을 만들어서 해당 게시판에 전문적인 칼럼을 올리며 활동하도록 권장하고 있다.

[그림 4-3]에서 보이는 등급 중 3학년이 앞서 설명한 대학생 멘토들의 등급이며, 일반 회원들이 올라갈 수 있는 최상위 등급은 학종이반장 등급으로 기준이 매우 엄격하게 적용되어 있다.

학종이는 교육 카페이기 때문에 멘토선생님이라는 컨셉하에 운영되고 있지만 각각의 카페 성격에 맞게 이름이나 등급을 세부 조정하여 운영해도 관계는 없다.

카페 운영에서 중요한 포인트 중 하나가 바로 선순환 구조를 만드는 것이다.

간단하게 말해서 좋은 콘텐츠를 카페에 쌓고 그 콘텐츠를 보기 위해

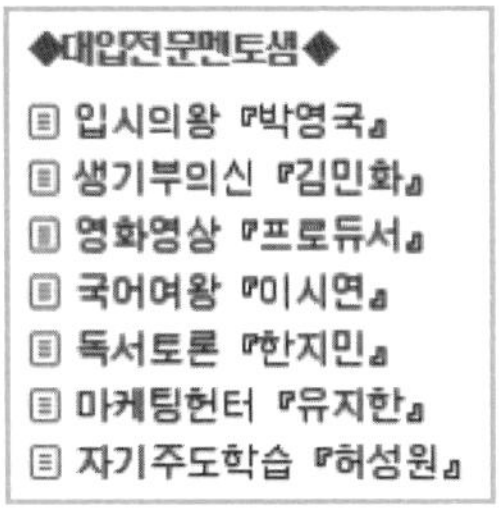

그림 4-4 **멘토들이 활동하는 각각의 게시판들**

4518	사회 문제와 교육의 연관성에 대해 -2-	라**
4371	사회 문제와 교육의 연관성에 대해 -1-	라**
4341	초중고 SW 의무화에 대해	라**
3397	추석 지나고 본격 면접의 시절입니다. [2]	라**
3251	코딩 교육과 코딩 수업에 대한 이야기	라**
3100	IT/SW 면접대비용 상식 기출(2)입니다. [2]	라**
3029	IT/SW 면접대비용 상식 기출(1)입니다.	라**
2634	SW특기자전형 동국대학교 2018 예시문 [1]	라**
1859	7월 초 출간되는 책 집필에 대한 이야기 [8]	라**
1838	[마감] SW 초/중/고 교과 편성에 따른 코딩교육 성공 전략 설명회 [2]	라**
1440	문재인 대통령의 교육 공약을 한 번 살펴볼까요?	라**
1328	한양대학교 2018 SW특기자전형 분석 [1]	라**
1018	SW특기자전형 6개 대학 최종 발표 확인~! [2]	라**
877	SW특기자전형 2개 대학 신설 발표! [3]	라**
716	2017년 3월 학력평가 예상등급(3학년) [1]	라**

그림 4-5 **이런 다양한 콘텐츠를 꾸준히 올리는 것이 카페 운영의 핵심이다.**

회원들이 가입하고, 그 안에서 다시 새로운 글들로 카페에 다양한 콘텐츠가 생성되는 구조다.

간단히 설명했지만 이 구조를 만드는 것이 생각처럼 쉽지만은 않다.

지금 좋은 멘토를 모아야 한다면, 어떻게 모을 것인가?

필자도 멘토를 모으는 데 많은 어려움이 있었고, 그렇다고 멘토들에게 별도의 사례비를 지급하고 있는 상태도 아니기 때문에 칼럼을 쓰는 것을 강제할 수는 없다.

카페의 컨셉을 사람들에게 알리고, 자신과 뜻이 맞는 사람들을 찾아야 한다. 또는 자신의 철학이나 이념을 선한 방식으로 여러 사람에게 알리고자 하는 사람들을 멘토로 맞이해야 한다.

멘토로 맞이한 뒤에는 빠르게 등급 변경과 게시판 생성 등을 통해 그들이 빨리 카페 내에서 자리 잡을 수 있도록 안정적인 환경을 구축해야 하는 것이 매니저의 임무다.

막상 멘토로 맞이해도 매니저가 기대했던 것만큼 활동을 하지 않는 멘토들도 있다. 이럴 때는 강제로 글이나 활동을 유지하기보다는 커뮤니케이션을 통해 현재 해당 멘토가 어떤 어려움에 있는지, 왜 활동량이 적을 수밖에 없는지 확인하는 것이 중요하다고 할 수 있다.

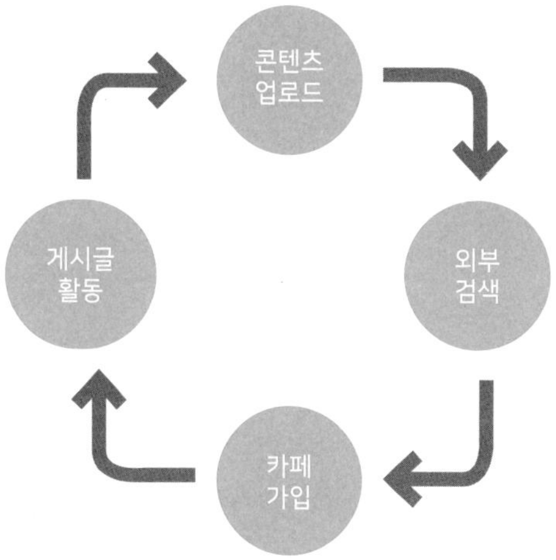

그림 4-6 **초기 카페 운영에서 가장 중요한 선순환구조 만들기**

4662	[동기부여] 하기싫은 일을 하는 힘	자기***** NE샘	0
4555	[동기부여] 조훈현 국수의 '고수의 생각법 - 아플수록 복기하라' [1]	자기***** NE샘	0
4550	[자기주도학습법] - 이것이 반복이다! [7]	자기***** NE샘	0
4345	[자기주도학습법] - 학습계획표 [4]	자기***** NE샘	0
4208	[자기주도학습법]안녕하세요. 처음 인사드립니다.^^ [5]	자기***** NE샘	0

그림 4-7 모든 멘토가 왕성하게 활동하는 것은 아니다.

현재 학종이에서 권고하는 멘토 활동량은 주 1회 1칼럼을 올리는 것이다.

하지만 현실적으로 주 1회 1칼럼을 올리는 멘토는 거의 없다. 멘토 활동은 재능기부의 형태를 띠기 때문에 강제로 글을 올려달라고 할 순 없지만 함께 방법을 찾아 조금이라도 더 많은 글을 올릴 수 있는 환경을 제공하고자 노력하고 있다.

멘토를 찾는 방법은 주변 동호회의 전문가들부터 가볍게 만나서 이야기를 시작해 보면 좋다. 그들은 자신의 전문성을 알리는 데 거리낌이 없으며, 특정 공간에서 활동하는 것에도 부담을 덜 느끼는 편이다.

두 번째 방법으로는 카페 내에서 활동하는 성실 회원들을 멘토로 전환시키는 것이다. 회원이 너무 적은 극 초반에는 이런 선택을 하기 쉽지 않겠지만, 카페 내의 성실 회원을 멘토나 스탭으로 임명하여 카페에 대한 활동과 충성심을 높이는 전략은 매니저의 부담과 역할을 나눌 수 있는 좋은 방법이다.

세 번째로는 매니저 자신이 첫 번째 멘토가 되는 것이다.

필자의 경우도 너무 바빠지기 전까지는 멘토로써 활동하며 전문적이면서도 가벼운 칼럼들을 카페 내에 올려놓기도 했다. 다만 카페가 커지고 활동 반경이 늘어날수록 매니저의 역할도 비례해서 늘어나기 때문에 일정 규모 이상이 되면 매니저가 멘토로 활동량을 유지하기는 쉽지 않다.

그런데도 극 초반의 카페를 운영하는 매니저라면 본인 스스로가 멘토가 되어 자신의 전문성을 콘텐츠에 녹여 회원들에게 전달하는 데 주저해서는 안 된다.

지금까지 전문가를 활용하여 카페를 성장시키는 선순환 구조에 대해 알아보았다.

초반에 전문가들을 구성하는 데 어려움을 겪겠지만 매니저의 철학과 비전을 공유한다면 유비가 장비와 관우를 만나듯 한 명 두 명 멘토나 전문가들이 카페에 모집될 것이다.

너무 서두르지 말고, 천천히 매니저 자신부터 멘토로 활약해 보도록 하자.

4-3

오프라인 모임으로 커뮤니티의 신뢰도를 쌓아라

필자 카페의 경우, 회원 수 500명이 좀 넘었을 때부터 오프라인 정모를 진행하기 시작했다. 일단 오프라인 모임을 주최하게 된 계기는

안녕하세요. 라온입니다.
자유게시판에 소심하게 글을 올렸는데, 문의를 많이 주셔서 정식으로 이벤트 게시판에 올리게 됐습니다!

이름하야! 학종이 제1회 봄날 브런치모임~!!
따뜻한 봄에, 우리 학종이 회원님들을 모시고 자녀 교육과 고민뿐 아니라 일상을 공유하고자 합니다.

- 시간: 2017년 4월 13일 목요일 오전 11시 ~ 1시

- 장소: 서울특별시 강남구 도곡로63길 27 시온빌딩 1동 카페드미엘
*하단 약도 참조

- 참여인원: 최대 10명 선착순 모집
*마감은 12일까지 회비 입금 순으로 체크

- 모임주제: 자녀 교육 및 기타 수다
* 현직 입시 전문가 멘토분들께서도 참석하실 예정이오니, 개인적으로 교육에 대해 궁금했던 부분들을 정리해 오시면 훌륭한 답변을 들으실 수 있습니다.

- 회비: 1만 원
*회비 부담을 덜고자 최소금액으로 진행하다보니, 음료는 기본적으로 아메리카노로 통일 될 예정입니다^^;
- 회비 입금 계좌: 국민은행 639002-01-304075 (예금주: 박영식)

- 초 간단! 모임 신청 방법 안내
1. 댓글로 모임 참석 의사를 표현
2. 회비 입금 계좌에 1만원 입금 (입금자명: 카페 닉네임과 통일)
3. 입금 확인 후 운영자가 꼬리 댓글 기록 (입금 확인 되셨습니다^^)
4. 4월 13일 목요일에 넘나 예쁜 카페로 11시까지 GoGo~!

그림 4-8 첫 번째 정모 모집 게시글 일부

바로 조금 더 끈끈한 커뮤니티를 만들고 싶었기 때문이다. 초기 카페였기 때문에 회원들끼리 서로 온라인상에서 나름대로 애정을 가지고 활동하는 시기였고, 이 정도 활동량이면 정모를 주최해도 최소한 2~3명 이상은 모이겠다는 확신이 있었다.

그래서 첫 번째 정모를 기획하게 된다.

호기롭게 기획은 했지만 정말 올 만한 회원들이 있을까? 걱정이 앞서기 시작했다. 그래서 소심하게 자유게시판에 정모 관련 글을 살짝

그림 4-9 소심하게 정모 관련 게시글을 Pre로 올려놓아 보았다.

올려놓았다.

[그림 4-9]를 지금 보니 정말 소심하게 작성된 게시글이다. 2~3명 정도 올 것으로 예상하고, 시간과 장소를 맞추려고 하는 의도도 있었다.

예상보다 많은 댓글이 달렸는데 필자가 답변한 댓글을 제외해도 대략 10명 정도가 참석 의사를 밝혔고, 확신을 얻어 이벤트 글을 정식으로 작성하여 공지로 올리게 된다.

모임은 가벼운 커피와 브런치를 중심으로 진행하기로 기획하였고, 신청자의 불참을 최소화하기 위해 참가비 1만 원을 받아 커피와 브런

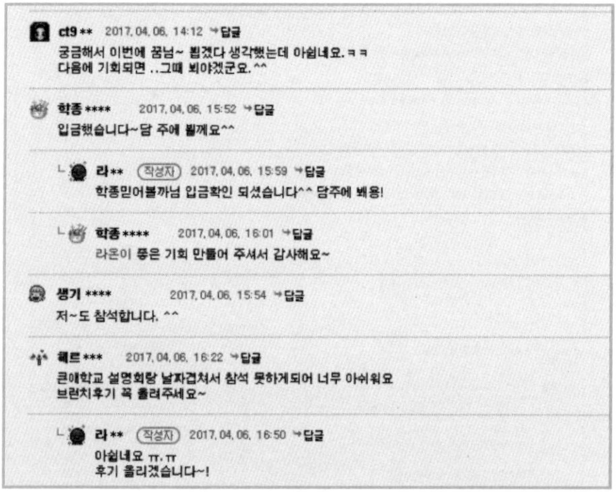

그림 4-10 정식 정모 이벤트 글에 올라온 참석 관련 댓글들

치 구매 비용으로 사용하였다. 첫 정모에서는 회비가 약간 부족해 매니저가 그 부분을 충당하기도 했지만, 사실 지금도 그때도 그런 것은

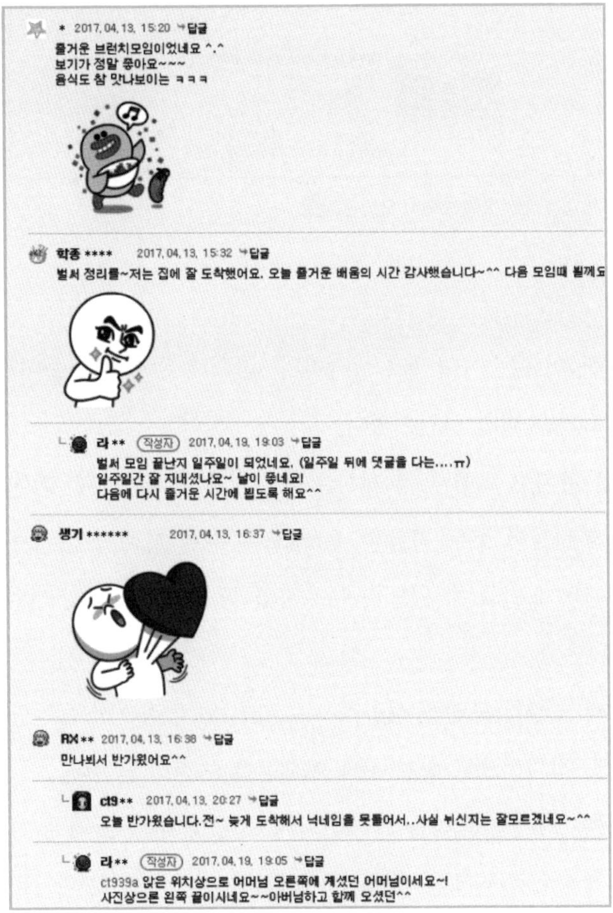

그림 4-11 제1회 브런치모임 후기 게시판 댓글

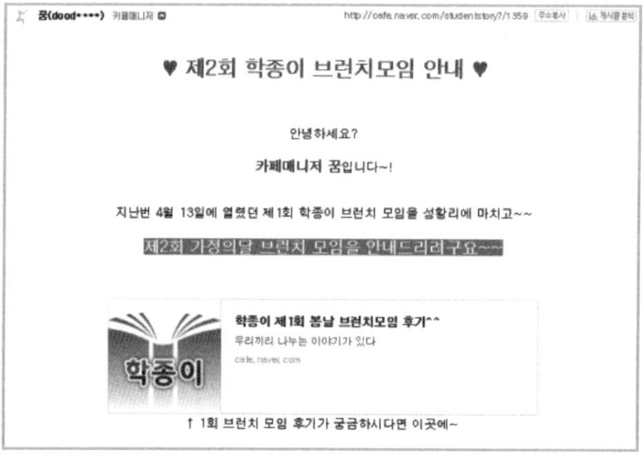

그림 4-12 2회 브런치 모임 안내글

그렇게 큰 이슈는 아니라고 생각한다. 참석해 주신 회원들이 있는 것만으로도 가슴 벅찬 시간이었다.

모임을 마치고 모임 후기 게시글을 카페에 올려 참석한 회원들과 미참석한 회원들이 모두 공유할 수 있도록 하여 카페의 분위기를 다시 한번 끈끈하게 만들 수 있도록 유도하였다.

첫 번째 브런치 모임을 성공적으로 마친 뒤 비정기적으로 정모를 진행했는데, 정기적으로 하지 못해 아쉬움은 여전히 남는다.

회원들은 정기적 모임을 원하는 경우도 있었지만, 카페 운영진 스케줄이 고정적으로 일정을 맞추기 어려워서 비정기적 모임으로 진행하게 되었다. 이 부분은 운영하는 카페에 맞추어서 정기적인 모임을 가질지 비정기적으로 모임을 가질지 결정하면 좋을 것이다.

또한 모임 때마다 후기 사진과 게시글로 회원들의 관심을 유도하고, 다음 모임 글에는 이전 모임 후기 게시글을 링크함으로써 회원들이 모임에 대한 기대와 흥미를 잃지 않도록 구성했다.

오프라인 모임의 장점으로는 참여한 회원들끼리 끈끈한 커뮤니티가 형성되고 카페 운영진에 대한 신뢰도가 쌓인다는 장점이 있다. 참여하지 않은 회원들에게는 우리 카페가 오프라인 모임을 할 정도로 진정성 있는 운영을 하고 있다는 신뢰를 형성하여 활동하는 데 있어서 좀 더 적극적인 모습을 이끌어 낼 수 있다는 장점이 있다.

매니저나 운영진에게 정모는 쉬운 선택은 아니지만, 막상 회원들과 정모를 하면 생각했던 것 이상으로 운영진도 많은 것을 배우고 보고 듣는 자리가 될 것이다.

4-4

1만 원을 이용한 회원들의 행복감 쌓기

정모를 통해 기존 회원들의 단합을 유도하고, 활동량이 적은 회원들의 관심을 끌어모으는 데 성공했다.

이 시기에 필자가 가장 고민하던 것은 바로 두 가지다.

첫 번째, 활동량이 적은 회원들의 활동량을 증가시킬 수 있을까?

두 번째, 우리 카페를 모르는 외부 회원들에게 어떻게 우리 카페를 알릴 수 있을까?

지금까지 필자가 설명한 많은 이야기가 매니저 중심의 운영이었다면, 지금 이 챕터의 게시글은 매니저가 아닌 회원 중심의 이야기가 될 것이므로 집중하고 봐주길 바란다.

다시 고민으로 돌아와서, 그 첫 번째 고민을 하게 된 계기는 바로 늘어나는 회원들에 비해 카페 내부에서 활동하는 회원의 비율이 비례해서 증가하지 않았다는 점이다.

회원이 1천 명 미만일 때는 아무래도 회원 수가 많지 않기 때문에 그만큼 활동하는 회원도 많은 것처럼 보였고, 실제로도 활동량이 전체 회원의 30% 이상 될 정도로 조회 수나 게시글 업로드량, 댓글 등이 쌓여갔다.

하지만 회원이 1천 명 이상이 되면서 오히려 활동량이 줄어드는 것 같은 지표를 그리기 시작했다. 아무래도 유령회원이 늘어나고 있는 것이다.

이 유령회원이 늘어나는 것이 어떤 문제를 가져올까? 전체 회원 수에 비해 늘어나는 콘텐츠 속도가 느리기 때문에 미가입 회원이 카페를 가입하는 데 있어서 유령카페처럼 느껴지기 때문에 허들이 된다.

또한 이미 가입된 회원들도 소극적으로 활동하는 계기가 되고, 글을 올리는 회원들도 댓글이라던지 호응이 떨어짐에 따라 활동량이 점점 줄어들어 결국 회원 수는 유지되지만 카페 자체는 죽은 유령카페가 되어버리는 큰 문제가 된다.

사실 이런 문제는 우리 카페만 겪는 것은 아니다. 아마 카페를 만들기 위해 기존 카페들을 검색하여 들어가 보면, 분명 회원 수는 수천,

그림 4-13 회원은 적지 않지만 활동량이 0에 가까운 카페들을 어렵지 않게 만날 수 있다.

수만 명인데 신규 게시물이나 회원들 활동이 거의 없는 유령카페들을 어렵지 않게 찾아볼 수 있을 것이다.

그래서 어떻게 하면 이 문제를 해결할 수 있을지 고민하다가 활동왕 이벤트를 기획하게 되었다.

이벤트 자체는 색다를 것 없지만, 초보 시절의 매니저가 카페를 키워나가는 과정에서 반드시 겪을 수밖에 없는 문제이기 때문에 중요하지 않을 수 없는 문제이다.

활동왕 이벤트란 카페 내 회원들이 활동하는 지수에 따라 각 활동 영역별로 1만 원권 문화상품권을 지급하는 방식이다.

각 영역은 다음과 같다.

– 한 달 동안 게시글을 가장 많이 올리는 게시왕
– 한 달 동안 댓글을 가장 많이 올리는 댓글왕

영역별로 1명씩 1등을 선발하여 다음 달 초에 지급하는 형태로 운영하고 있다.

처음 이 이벤트를 기획했을 때는 지금보다 영역이 좀 더 많았지만 데이터로 분명히 관리 가능한 것만 추리다보니 지금처럼 게시왕과 댓글왕이 남게 되었다.

영역별로 얼마나 활동했는지 여부는 관리 메뉴에서 확인 가능한데 [그림 4-14] 처럼 댓글과 게시글 수가 확인 가능하니, 이것으로 정확히 집계할 수 있다. 또한 공정성을 위해 당첨자 발표 시에는 해당 표를 공개하여 어떤 회원이 가장 많은 활동을 했는지 다른 회원들에게 밝히고 있다.

처음에는 선정 기준이 지금보다 약간 낮았으나, 회원들이 경쟁을 통해 많은 글과 댓글을 남기다 보니 지금은 선정 기준이 약간 높아진 상태이다.

선정 기준이란, 한 달 동안 기준 미만의 활동으로는 1등이라고 하더라도 문화상품권에 당첨되지 않는 최소한의 운영 안전장치이다. 예를

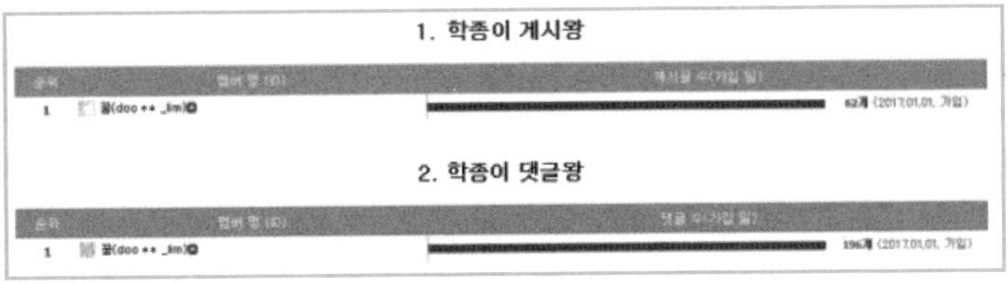

그림 4-14

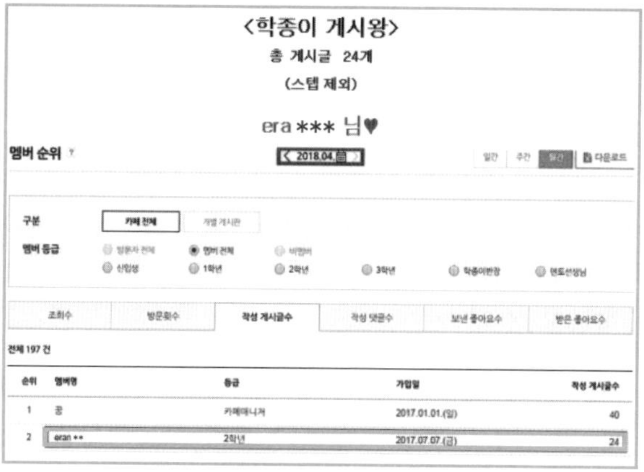

그림 4-15 학종이 게시왕 발표 화면

들어 회원 1명이 한 달 동안 5개의 댓글만으로 1등이 될 수도 있기 때문에 현재는 최소 게시글 20개, 댓글 50개를 기준으로 선정하고 있다. 간단히 말해 어뷰징 방지 목적이라고 생각하면 좋을 것이다.

또 하나 재미있는 사실은, 문화상품권 1만 원권의 효과가 생각보다 크다는 점이다.

물론 모든 회원이 이벤트를 위해 활동하는 것은 아니기 때문에 일부 회원들끼리 처음에는 경쟁하는 구도가 되었는데, 신규로 들어온 회원이 이벤트 참여를 위해 또 경쟁에 참여하고, 경쟁하는 회원들이 자연스럽게 교체되면서 이벤트가 꾸준히 사랑받고 있는 장점이 있다. 이렇게 이벤트를 통해 회원들이 활동량을 기존보다 늘려나가면서 자연스

그림 4-16 **학종이 댓글왕 발표 화면**

럽게 카페는 활성화되어 성장하고 있다.

초대왕의 경우에는 두 번째 고민인 우리 카페를 모르는 사람들에게 어떻게 홍보할 것인지의 고민에서 시작되었다.

초대왕은 우리 카페 회원 중 자신들이 알고 있는 지인들에게 우리 카페를 홍보하여, 가입인사를 남길 때 "XXXX님 추천으로 가입했습니다"라고 게시글에 쓰면 운영진에서 월말에 해당 닉네임을 집계하여 추천왕을 선발하는 방식으로 진행되었다.

카페 추천 가입의 경우 안타깝지만 네이버 카페 관리 기능에서 별도로 카운팅하거나 정보를 확인할 수 있는 기능을 제공하지 않기 때문에

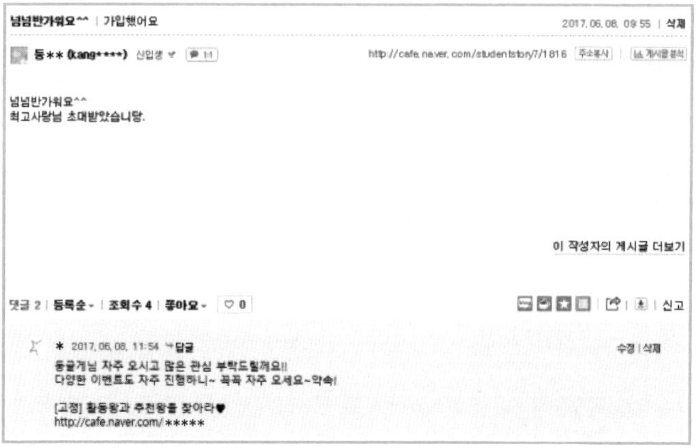

그림 4-17 가입인사 게시글 안에 닉네임을 입력하도록 하여 집계할 수 있게 운영하였다.

수동으로 집계할 수밖에 없다.

추천왕의 경우 외부에서 새롭게 회원을 데려오는 구조이기 때문에 문화상품권을 1등에게 2만 원권을 지급하는 형태로 보상을 높여서 운영하였다.

재미있는 사실은, 한 달에 추천왕 1등이 가입시키는 인원이 평균 30명 정도 된다는 점이다.

초반 회원이 몇 백 명 안 되는 상황에서 30명 정도의 가입 인원은 적지 않은 숫자이고, 2등과 3등을 포함하면 전체 회원의 10%를 추천왕이 되려고 가입시키는 그림이 나오게 된다.

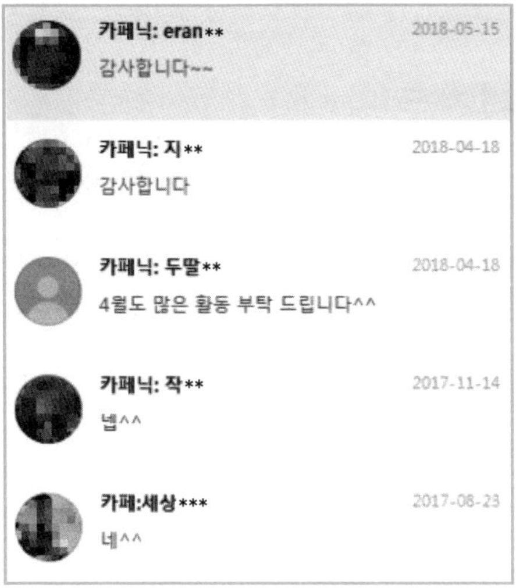

그림 4-18 **활동왕과 추천왕 메신저 리스트**

또한 가입시킨 추천왕보다 더욱더 활발한 초대로 지인이 추천왕이 되는 경우도 발생하는 등 예상하지 못했던 해프닝도 많이 발생했다.

이처럼 성장세에서 겪는 몇 가지 내부적/외부적 요인을 해결하기 위한 이벤트를 기획하고 진행하였는데 반응은 생각보다 뜨거웠고, 이에 힘입어 이 이벤트를 고정 이벤트로 확정하고 현재도 운영 중이다.

문화상품권의 경우 개인 휴대폰 번호 정보를 따로 받아서, 메신저 기프티콘의 형태로 제공하였으며, 이 과정에서 회원들과 개인적으로 소통하여 더욱더 끈끈한 관계를 만들 수 있었다.

4-5

시작은 콘텐츠로, 끝은 회원 관리!

카페의 선순환구조를 만들기 위해서는 콘텐츠를 잘 쌓아야 한다고 강조했다.

일단 콘텐츠를 쌓기 시작하고 앞에서 설명한 초대 홍보를 이용하면, 카페 회원이 하나둘 늘어나기 시작할 것이다. 평균적으로 필자의 경우는 카페 초대를 한 달에 1,000건 가능하기 때문에 주 5일 기준으로 하루에 50개씩 초대를 진행해왔다.

이렇게 진행한 이유는 콘텐츠를 하루에 몰아서 올리는 것도 아니고, 꾸준히 주에 몇 개씩 다양한 방식으로 올리기 때문에 초대를 하루 최대치까지 사용하면 대략 일주일 만에 1,000건을 다 써버리게 된다.

그 이후에는 콘텐츠를 올려도 홍보할 채널이 막히는 사태가 발생하기 때문에 초대를 전략적으로 나눠서 하고 있다.

그림 4-19 **초대 기능 및 정보를 한 눈에 확인할 수 있으며, 메인 메뉴의 '초대' 버튼을 통해 접근 가능하다.**

이렇게 초대를 진행하게 되면 메일과 푸시(네이버 카페 앱 설치 시)로 전송되는데, 초대를 통한 가입률은 대략 20% 정도 된다고 보면 된다. 여기에 별도의 이메일, 쪽지 등을 통해 카페를 홍보하고 가입을 유치할 수 있는데, 필자의 경험상 이메일이나 쪽지보다는 초대 기능을 통한 가입률이 더욱 높았다.

이메일의 경우 대략 1천 명에게 발송했을 때 확인율이 10% 미만이었고, 쪽지는 5% 미만의 확인율(가입률이 아니다)을 가지고 있었기에 시간과 노력대비 효율이 그다지 좋지 못하다고 결론 내릴 수 있을 것이다.

아무튼 이렇게 회원들에게 콘텐츠를 홍보할 때 좋은 방식 중 하나는 바로 카페의 주요 게시글이나 이슈를 링크 걸어서 사람들이 관심을 가지도록 유도하는 것이다.

예를 들어 카페 내의 질 좋은 칼럼이나 게시글, 유머 등 가벼운 글부터 진지한 글까지 모두 관심글이 될 수 있을 것이다. 또한 앞서 알려

학종이 여러분 안녕하세요.

누구도 속 시원하게 대답하지 못하는 고민과 질문을 학종이에 남겨주시면 전문멘토 선생님께서 직접 답변을 남겨주십니다^^

간단한 고민거리부터 우리 아이의 대입 방향과 전략까지~학종이에 질문을 남겨보세요~!

1. 수학 성적을 올리기 위한 현 중학생 회원의 고민과 답변
cafe.naver.com/studentstory7/**

2. 일대일 상담 신청 후 직접 멘토쌤의 전화를 받으신 회원님
cafe.naver.com/studentstory7/**

3. 우리 아이의 막연한 진로를 답답해하시며 질문 남겨주신 학부모 회원님
cafe.naver.com/studentstory7/**

[스트레스 받는 일상을 학종이 유머게시판에서 풀어보세요!]

1. 토끼가 싸우는 장면을 본 적 있으신가요?
cafe.naver.com/studentstory7/**

2. 강호동 천하장사 클라스
cafe.naver.com/studentstory7/**

3. 공짜로 인생을 종쳐드립니ㅋㅋㅋ
cafe.naver.com/studentstory7/**

학종이는 여러분의 고민과 질문뿐 아니라 일상을 함께 공유하길 희망합니다.

감사합니다.

그림 4-20 **카페의 주요 게시글을 클릭하도록 유도하는 형태의 초대 메시지**

준 이벤트들을 진행 중이라면, 회원을 유치할 때 적극적으로 알리고 해당 이벤트에 참여할 수 있도록 홍보하도록 하자.

카페 매니저의 성격에 따라 게시글의 URL을 카페 주소로 하는 것이 아닌, 줄임 주소로 하는 경우도 있다. 개인적인 판단으로는 굳이 줄이면서까지 링크를 만들 필요는 없을 것 같다.

카페 게시글이 아닌 다른 글처럼 보이기 위해서 하는 의도임을 이해하지만 요즘 회원들은 다들 눈치가 백 단이기 때문에 굳이 그런 수고스러움을 들일 것까진 없을 것 같다.

하지만 혹시라도 이렇게 비밀스럽게 주소를 만들고 싶은 독자들을 위해 주소를 줄이는 방법을 간단히 설명하도록 하겠다.

주소를 줄이는 방법은 구글 주소 줄이기 기능을 가장 많이 이용하였

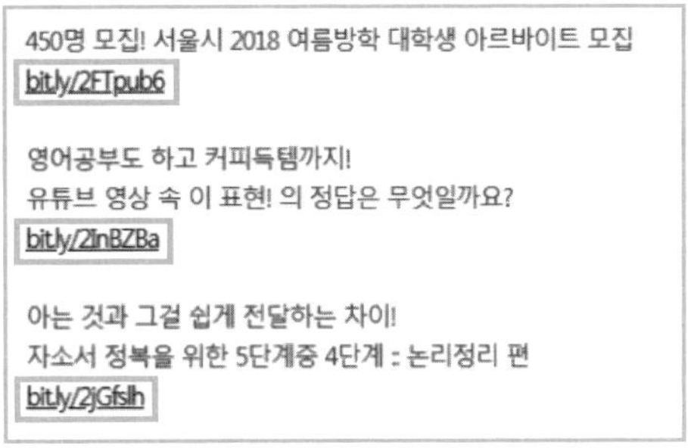

그림 4-21 카페 주소를 bit.ly/로 줄여서 사용하는 타 카페 콘텐츠 전달 방식도 참고해 볼 수 있다.

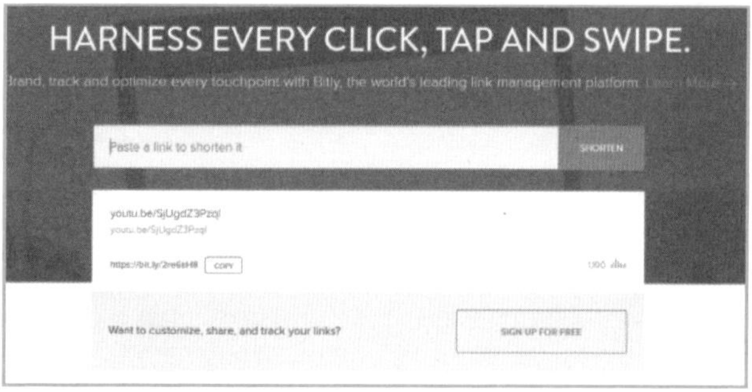

그림 4-22 https://bitly.com/ 의 주소에서 링크 줄이기 기능을 이용할 수 있다.

다. 하지만 현재는 구글에서 해당 서비스를 종료한 상태이기 때문에 보통은 bit.ly/ 링크 줄이기 기능을 가장 많이 이용한다.

이 외에도 서비스는 좀 더 존재하니 입맛에 맞는 서비스를 찾아 이용하길 바란다.

그렇다면, 이제 이렇게 모은 회원들을 어떻게 활동시켜야 할 것인가?

앞서 밝힌 이벤트나 운영을 통해 회원들이 꾸준히 활동할 수 있는 환경을 구성해 줘야 할 것이다.

결국 시작은 콘텐츠로 하였으나, 그 끝은 회원들을 관리하고 얼마나 원활하게 소통하느냐에 따라 카페의 명맥이 유지될지 말지가 결정되는 것이다.

카페는 페이스북 페이지처럼 단방향 커뮤니케이션 도구가 아니다. 회원들이 사진을 올리면 댓글을 달아주고, 글을 쓰면 거기에 호응해 주고, 매니저의 생각을 공유하는 것이 얼마나 중요한지 우리는 이제 알고 있다.

그 시작이 바로 가입인사 남겨주기!

이 책의 서두에서도 간단히 밝혔지만, 이 가입인사는 회원들이 이제 막 가입해서 카페에 처음으로 남기는 발자취이기 때문에 그 의미가 상당히 깊다.

또한 카페에서 다양한 이벤트를 진행하고 있다면 해당 이벤트를 신

4873	가입했어요~ [1]	adid***	11:54
4870	고2맘입니다 [1]	wka**	09:57
4868	안녕하세요^^ [1]	푸른**	01:52
4867	반갑습니다 [2]	버**	2018.05.17.
4863	가입했어요 많은정보 부탁드려요 [1]	앙기***	2018.05.17.
4862	안녕하세요? [1]	민**	2018.05.17.
4861	가입인사 드려요 [2]	요**	2018.05.17.
4860	가입인사드려요 [1]	밀**	2018.05.16.
4855	가입 인사드립니다^^ [1]	블**	2018.05.15.
4854	가입인사드려요 [1]	새**	2018.05.15.
4853	가입인사드립니다 [1]	눈*	2018.05.15.
4852	가입인사 [1]	fly**	2018.05.15.
4845	반갑습니다 가입했어요. [1]	onl**	2018.05.15.
4844	반갑습니다. [1]	시저***	2018.05.15.
4843	반갑습니다 [2]	so***	2018.05.14.

그림 4-23 하루가 멀다 하고 가입하는 신규회원들에게 따뜻한 인사는 기본이다.

규회원들에게 알리는 가장 효과적인 수단이기도 하다.

예를 들어 카페에서 아이스크림이나 빵 증정 이벤트를 진행 중이라고 가정했을 때, 신규회원은 해당 이벤트의 여부를 별도의 이벤트 게시판이나 글을 확인해야지만 알 수 있을 것이다.

이때 매니저가 댓글로 친절히 환영하면서 진행 중인 이벤트가 있으니 참여를 독려하면, 신규회원 입장에서는 공짜로 선물을 받은 기분이 들지 않을까?

카페에서 회원들을 관리하는 또 다른 방식으로는 채팅이 있다.

그림 4-24 학종이 공개 채팅방 구성

카페 내에서 제공하는 기능인 공개 채팅방을 개설하고, 해당 채팅방의 존재를 공지로 올려놓으면 관심이 있는 회원들이 채팅에 참여하여 자신의 이야기를 시작할 것이다.

다만 채팅의 경우 무거운 이야기나 중요한 이야기들을 먼저 꺼내지 않으니 매니저가 해당 채팅방에 꾸준히 인사를 하고 이슈를 만들어서 멤버들이 자연스럽게 채팅에 참여할 수 있는 분위기를 만들어 줘야 한다.

또한 이렇게 하다 보면, 질문이라던지 게시글에 채팅에 참여해 보라는 독려 댓글들을 기대할 수도 있기 때문에 또 다른 커뮤니티 채널이 하나 자연스럽게 만들어지는 효과를 볼 수 있다.

카페에서 다양한 방법으로 소통할 것 같지만, 사실 따지고 보면 대부분의 소통은 게시글을 통해 이루어진다고 봐도 과언이 아니다.

그리고 그 소통의 중심에는 댓글이 있다. 꾸준히 진정성 있는 댓글을 달고 그 안에서 소통하다 보면 자연스럽게 회원들이 매니저를 따르고 더욱 좋은 콘텐츠를 생산해낼 것이다.

Chapter 5

카페를 통해 최고의 기업과 제휴 맺는 노하우

5-1

내 플랫폼에 대한 이해가 필수다

앞서 카페를 시작으로 페이스북과 밴드 등 다양한 플랫폼들에 대해 설명한 적이 있다.

이미 설명한 대로 각 플랫폼은 그에 맞는 성격이 존재하기 때문에 운영하는 데 있어서 해당 플랫폼들을 제대로 이해하지 못하면 성공적으로 운영하는 데 많은 애로점이 존재한다.

먼저 네이버 카페의 기능에 대한 이해도를 올려보도록 하자.

다음(Daum)에서도 카페를 만들 수 있지만, 네이버 카페와 몇 가지 차이점을 가지고 있다.

첫째가 바로 카페 자료의 용량 제한이다.

다음 카페는 자료실 용량에 제한이 있어서 카페 자체적으로 할당된 자료실 용량을 모두 쓰게 되면 유료로 자료실 용량을 확장해야 하는 반면에, 네이버 카페는 별도의 제한 없이 무제한 용량으로 카페를 이용할 수 있다.

물론 개별 게시물에 업로드할 수 있는 파일의 용량 제한은 있으나 카페 자체적으로 가지고 있는 용량은 무제한이기 때문에, 매니저나 운영진 입장에서는 카페의 콘텐츠를 무제한으로 쌓을 수 있다는 특장점이 존재한다.

둘째는 바로 카페 매니저의 자격 조건이다.

다음 카페는 만 14세 이상의 회원만 카페를 개설할 수 있도록 되어 있지만, 네이버 카페는 매니저의 나이 제한이 없다. 이런 특징 덕분에 초등학생과 중학생을 중심으로 한 크고 작은 카페들이 많이 생겨났고, 초등학생과 중학생 회원을 중심으로 블로그, 네이버 뿜 등이 카페 콘텐츠와 연계되어 큰 발전을 이루기도 하였다.

하지만 반대로 크고 작은 다양한 문제도 양성되었다. 대표적인 몇 가지 문제로는 네이버 카페가 다양하고 규모가 큰 만큼 일부 카페들은 저작권의 개념조차 모르는 초등학생, 중학생, 고등학생이 만들어 불법 복사와 저작권 자료 공유가 잦은 카페들도 존재한다.

이처럼 카페 생성이 어렵지 않은 만큼 일부 몰지각한 매니저들이 미풍양속에 반하는 카페를 만들어 사회적인 문제를 불러일으키기도 했는데, 대표적으로 '엄마안티카페' 같은 곳이 네이버 카페로 만들어졌다가 여러 가지 문제를 일으키고 사라지기도 했다.

그 외에도 문제가 되었던 강호순 인권보호카페, 김길태 팬 카페 등이 있었다. 이런 카페들은 계속 논란이 되면서 네이버가 자체 검열삭제 기준을 통해 입장을 불허시키는가 하면 결국 스스로 문을 닫은 곳도 있는 등 수명은 그리 길지 못했다.

그림 5-1 **카페 북 기능 활성화하기**

이와 같은 개설, 운영상의 다양한 문제점들은 자유로운 개설이라는 컨셉을 가진 네이버 카페 플랫폼의 태생적 한계이기도 하다.

또한 많은 이들이 알지 못해서 사용하지 못하는 기능 중 하나로는 위키백과처럼 여러 회원이 하나의 페이지를 편집할 수 있는 기능을 가진 카페 북 기능이 있다. 이런 기능을 이용하려면 매니저가 해당 카페 북 기능을 활성화시켜야 하므로 기억해 둘 필요가 있다. 이 기능을 이용하면 카페의 회원들끼리 정보 사전 같은 형태로 기록하고 가이드 문서 등 필요한 문서들을 만들고 관리할 수 있기에 매니저의 수고스러움을 덜어낼 수 있다.

두 번째로는 네이버 블로그다.

네이버 블로그를 통해서도 마케팅을 효과적으로 할 수 있는 다양한 방법이 존재한다.

2003년 6월, '페이퍼' 서비스를 오픈한 게 시초이며, 같은 해 10월 12일에 블로그라는 이름으로 정식 서비스를 시작해 현재까지 서비스되고 있다.

2016년 4월 네이버 블로그팀의 공식 발표에 따르면 2,300만 개의 블로그가 개설되어 있으며, 블로그 차트(http://www.blogchart.co.kr) 순위에 존재하는 블로그 약 1,050만 개 중 70% 정도를 네이버 블로그가 차지할 정도로 네이버 블로그의 영향력은 절대적이다.

네이버 블로그를 자세히 살펴보면 대단한 콘텐츠를 가지고 있지 않은 블로그도 방문자 수가 매우 높게 나타나는 특징을 발견할 수 있다. 네이버 검색을 통해서 정보를 찾고자 하는 사람들이 매우 많기 때문이기도 하고, 좋은 콘텐츠로 인해 네이버 메인에 노출된다면 엄청난 조회 수를 받게 되므로 자신의 지식이나 솜씨를 자랑하고픈 사람들에게는 블로그야말로 중요한 마케팅 채널인 셈이다.

또한 네이버 블로그는 생성에 특별한 제한이 없다. 네이버를 가입하면 아이디 주소를 기준으로 블로그가 자동으로 만들어진다. 다른 블로그 시스템을 조금 살펴보면, 이글루스는 생성에 연령 제한이 있고, 티스토리는 기존 회원에게 초대장을 받아야 하는데 그 과정에서 이메일 주소나 개설 이유 등을 제대로 답하지 않으면 초대장을 주지 않는다. 태터툴즈는 설치형 블로그 형태이기 때문에 여러 가지 측면에서 확실히 불리한 면을 가지고 있다.

네이버 블로그에는 이웃이라는 기능이 기본적으로 제공되고, 로그인한 방문자가 자유롭게 이웃과 서로 이웃이 될 수 있으며, 자기가 쓴 글을 같은 이웃, 서로 이웃만 열람하게 설정할 수 있다. 이런 기능을 이용하여 팔로우를 늘리듯이 이웃을 늘려나가며 구독자를 관리할 수 있다.

이웃 기능은 싸이월드가 나오기 전부터 서비스되던 기능이었다. 초창기 이웃 시스템은 일방적인 추가였지만, 싸이월드의 일촌 기능이 인기를 끌면서 이웃과 서로 이웃으로 세분화되었다. 서로 이웃 기능이 추가되면서 일반 이웃은 일방적인 추가, 서로 이웃은 싸이월드 일촌과 유사하게 상대의 승낙이 필요하도록 변경되었다. 그리고 방명록에 해당하는 '안부게시판'이라는 것이 있어서 서로 안부를 물을 수 있게 되었다.

2009년 6월부터 네이버에서 블로그를 위한 배너 광고인 애드포스트 서비스를 신청해 블로그에 광고를 노출할 수 있다. 이 기능은 구글 애드센스와 비슷한데, 다만 구글 애드센스와는 달리 페이지뷰 수익은 받지 않는다는 차이점을 가지고 있다.

실제로 네이버 애드포스트로 한 달에 1백만 원 이상 광고 수익을 올

그림 5-2 네이버 애드포스트

리는 블로거들이 있을 정도로 제대로 된 블로그를 가지고 있다면 큰 광고 수익을 기대할 수도 있을 것이다.

다만 블로그가 너무 광고 상품화되다 보니 네이버 측에서 블로그의 운영에 여러 가지 기능을 제한하여 현재는 신규 블로그를 개설하여 안정적으로 운영하는 데 많은 애로점을 가지고 있다.

2015년 11월에 '블로그 최적화' 작업 후 신규 블로그의 노출률이 급감하기 시작했다. 또한 2016년 10월부터 오픈캐스트를 통한 네이버 메인 노출도 더 이상 노릴 수 없게 되어 신규 블로거 유입이 갈수록 줄어들 것으로 예상된다.

이에 따라 앞에서 설명한 이웃 기능도 많은 변질이 있었는데 대표적으로 악성 입소문(바이럴) 마케팅으로 이용하기 위해 서로 이웃 신청 메시지를 통해 블로그를 매매하라는 형태의 스팸글을 지속적으로 보내는 사람이 나타날 정도로 문제가 심각한 상태이다.

이런 마케팅 목적의 블로그는 몇 가지 공통점이 있는데, 서로 이웃 신청을 보내오면서 앞서 언급한 "초보 블로거입니다~"라는 메시지 혹은 '일상', '음식', '소통' 등의 단어를 흔히 섞어서 사용한다. "일상, 음식을 포스팅을 하는 블로그입니다. 소통해요~"라고 오는 경우는 90% 확률로 마케팅 블로그라고 봐도 무관하다.

특히 블로그 포스팅 수가 100개도 안 되는 신설 블로그가 이웃 수는 엄청나게 많은 경우도 마케팅 블로그일 확률이 굉장히 높다. 마케팅 블로거의 이웃 신청이 들어왔을 때 이를 수락하는 것은 되도록 권하지 않는다. 그 이유로는 처음에는 당신의 블로그에 자주 흔적을 남겨주다가 어느 순간부터는 활동이 갑자기 멈춰 있고, 갑자기 쇼핑, 상품 판매 등의 완전한 마케팅 블로그로 바뀌어버리기 때문이다.

한마디로 당신의 블로그가 누군가의 광고 홍보 전략 수단으로 전락해버리는 것이다. 이런 서로 이웃은 주로 마케팅 대행사에서 보유한 블로그 계정으로 이웃 신청이 온다. 서로 이웃이 많으면 블로그 대행사에서는 검색 결과에 상위 노출이 쉽기 때문이다.

이웃 기능을 통해 생기는 또 다른 문제로는 불법적인 자료들을 이웃들에게 댓글을 달면 보내주겠다고 하며 자신에게 저작권이 없는 자료를 가지고 마치 자신이 저작권자인 것처럼 허세를 부리는 경우도 많다.

대표적으로 음원 유출, 소설 복사본을 서로 이웃 공개로 배포한다거나, 댓글을 단 사람에게만 보내주겠다고 하는 경우이다. 이런 경우 추후 관련자로 문제를 겪을 수 있기 때문에 애당초 거절하거나 관계를 깔끔하게 정리하는 것이 좋다.

하지만, 이런 여러 가지 문제를 잘 극복할 수 있다면 분명 블로그도 좋은 광고 수단이 된다.

특히, 네이버 카페를 처음부터 키우기 어려운 매니저들이 초반에는 블로그를 통해 자신의 콘텐츠를 쌓고 일정 규모가 되면 카페로 넘어오는 경우가 많기 때문에, 처음부터 카페를 만들어서 운영하기 부담되는 매니저라면 블로그 개설부터 추천한다.

블로그에 쌓인 콘텐츠를 주기적으로 카페로 옮기고, 블로그 이웃들을 카페에 초대한다면 초기 카페 운영의 어려움을 한층 극복할 수 있을 것이다.

이 외에도 네이버 밴드, 페이스북 페이지 등 다양한 플랫폼들이 존재한다. 자신에게 맞는 플랫폼을 선정하기에 앞서, 해당 플랫폼이 가지고 있는 특징을 꼭 파악해 보길 바란다.

그것이 카페뿐만 아니라 온라인 홍보 마케팅을 성공으로 이끌기 위한 첫 단추가 될 것이기 때문이다.

5-2

네이버 공식 카페 활용을 통한 제휴 및 홍보

카페를 홍보하기 위해서는 다양한 방법을 활용할 수 있다. 그중 하나가 바로 네이버 공식 카페를 활용하는 방법이다. 정확한 명칭은 바로 '네이버 카페팀 공식카페(이하 네이버 공식카페)'인데, 해당 카페를 통해 우리 카페를 알릴 수 있다.

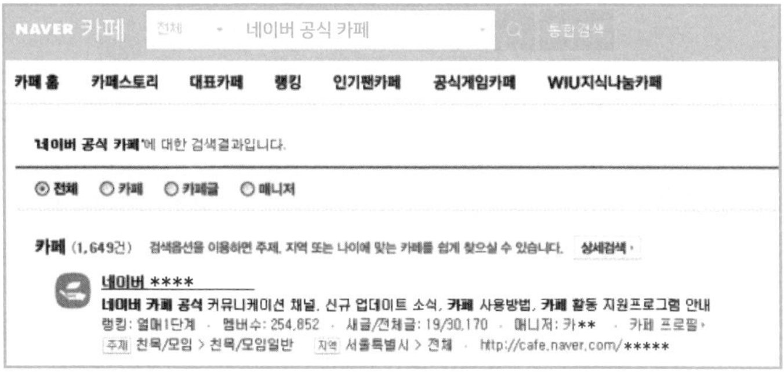

그림 5-3 네이버 공식 카페 가입을 위한 검색

그림 5-4 **카페 메인메뉴부터 풍성한 지원 프로그램의 느낌을 받을 수 있다!**

네이버 공식카페에서 지원하는 정규 지원 프로그램은 다음과 같다.

그림 5-5 **네이버 공식카페 정규 지원 리스트**

1. 정모(정식 모임) 기념품 지원

만약 당신이 만든 카페에서 정모를 한다고 가정해 보자. 회원들과 함께 만나서 잊지 못할 기념품을 나눠 갖고 싶을 것이다. 네이버 공식 카페에서는 초보 매니저들을 위해 정모 기념품을 지원하고 있다.

자세한 정모 기념품 지원 내용은 다음과 같다.

- 지원 내용

  현수막 1개, 깃발 3개 제공

  티셔츠, 우산, 모자 중 택1 제공

- 지원 대상

  잎새 등급 이상, 공개카페

  개설 3개월 이상

- 신청 기간

  정모일 2개월 전 미리 신청

해당 조건들을 자세히 살펴보자.

일단 가장 중요한 신청 기간부터 살펴보면, 정모 2개월 전 사전 신청으로 되어 있는 것을 알 수 있다.

넉넉하게 정모 2~3개월 전에 미리미리 신청해 두도록 하자.

신청 방법으로는 공식 카페 게시판 중 [1. 정모 기념품 지원 – 정모 기념품 신청] 게시판을 통해 서식에 맞게 신청글을 작성하면 되는데 최대한 자세하게 작성하는 것이 좋다.

두 번째로는 바로 지원 대상이다.

개설 3개월 이상 된 잎새 등급(3단계 등급) 이상의 공개 카페로 지원 대상을 제한하고 있다.

제한 등급을 보면 초기 카페에 딱 맞는 등급이며, 이 정도 기간이라면 대략 초기 카페 중 회원 수 300~500명 정도의 카페 규모가 되지 않을까 싶다. 무분별한 신청을 막기 위한 최소한의 어뷰징 방지 제한이라는 생각이 든다.

마지막으로 지원 내용을 살펴보자.

현수막과 깃발을 제공하는데, 정모의 형태에 따라서 필수는 아니므로 필요할 경우 신청하도록 하자.

실제로 회원들과 나눌 수 있는 지원 품목으로는 티셔츠, 우산, 모자가 있다. 셋 중 하나를 선택하여 카페의 이름 등 정보를 넣을 수 있도록 되어 있다. 매니저의 마음에 드는 걸 고르도록 하자. 개인적으로는 우산을 선호하는 편이다. 부담 없이 필요할 때 사용할 수 있기 때문이다.

2. 정모 장소 신청

네이버 공식카페에서 지원하는 카페에서 정모를 할 수 있도록 신청받고 있다.

- 지원 내용

  전국 주요 장소 중 원하는 곳 선택

  원하는 날짜, 시간 선택(최대 4시간)

- 지원 대상

  잎새 등급 이상, 공개카페

  개설 3개월 이상

- 신청 기간

  정모일 2개월 전 미리 신청

정모 신청 기간과 대상은 앞서 살펴본 것과 크게 다르지 않다.

정모 장소 신청 방법은 공식 카페 게시판 중 [2. 정모 장소 지원 - 정모 장소 신청] 게시판을 통해 서식에 맞게 신청글을 작성하면 되는데 최대한 자세하게 작성하는 것이 좋다.

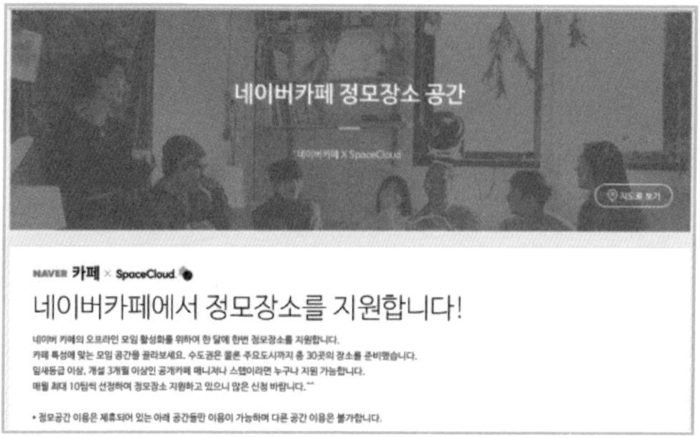

그림 5-6 네이버 카페 정모 장소를 확인하고 신청할 수 있다.

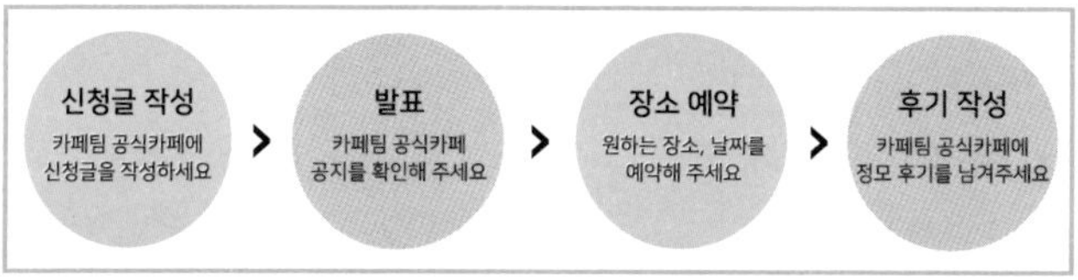

그림 5-7 정모 장소 신청 순서

3. 창작 활동 지원

만약 당신이 운영하는 카페에서 책, 공연, 전시회 등 문화 활동을 주최한다면 네이버 공식 카페를 통해 창작 활동을 지원받을 수 있다.

- 지원 내용

  모바일 카페 메인 화면에 독점 소개

- 지원 대상

  공개카페

  카페와 연관성 있는 주제

- 신청 기간

  매월 1일~20일(선정 시 다음 달 노출)

신청 기간부터 살펴보면 전월 1일부터 20일까지 신청을 접수받아 다음 달에 모바일 메인 화면에 독점 노출해 주고 있다.

카페 테마에 맞는 주제일 경우 선정될 확률이 높으며, 선정 시 모바일 카페 메인 화면에 해당 책이나 공연 내용이 독점으로 소개되므로 많은 노출 효과를 누릴 수 있을 것이다.

125359	[공유] 지역감정에 의한 살인미수 사건... 제발 좀 도와주세요. > 국민청원 > 대한민국 청와대
125356	차박캠핑 좋아하시는 분들위해 카페 만들었습니다
125354	[리틀보더스] 아이들과 건전한 익스트림을 즐기는 동호회 아이들도 서핑을 즐길수 있어요
125353	[find it] 당신이 찾는 모든 것! (사람찾기, 분실물찾기, 동호회모임찾기, 애완동물찾기 등) [10]
125348	참일꾼-건설현장 일용직 사람들의 모임
125343	[천안 동호회 스윙하이] 천안 최초, 최대 스윙 동호회 스윙하이를 소개합니다!! [1]
125330	말레이시아 국제학교 모임: 말.국.모 ^^/
125316	[발표공포증을 극복하는 사람들] 카페를 소개합니다!
125280	행복을 나누는 사람은 아무리 많아도 상관없습니다. [6]
125277	더운여름 시원한 링크장에서 아이스하키로 쿨하게 대전 스펙스 GO!GO! SPHEX!!!

그림 5-8 다양한 카페의 초보 매니저들이 올리는 카페 홍보글을 확인할 수 있다.

이런 공식 지원 외에도 카페 내 [우리 카페 홍보하기] 메뉴를 통해 초기 카페를 다른 매니저들에게 알리고 각종 제휴를 맺을 수 있는 기회를 마련할 수도 있다.

공식 지원의 공유 선정 후 3개월 이내에는 재지원이 불가능하며, 모임 신청의 경우 기념품과 장소를 동시에 신청할 수 있다. 선정 후 후기를 올려야 재지원 시 선정 확률이 높아지는 건 당연하다!

네이버 공식 카페를 통해 다양한 지원을 받고 카페를 활성화시켜보도록 하자!

5-3

최적의 제휴시기를 판단하는 방법과 다양한 마케팅 노하우 공개!

이제 우리 카페도 어느 정도 회원 수를 확보하고 홍보도 익숙해지고 있다.

정모를 했다면 더 많은 콘텐츠가 활성화되었을 것이고 회원들 간의 커뮤니케이션도 점점 끈끈해지는 것을 느낄 것이다. 이때 매니저로서 해야 하는 일은 무엇일까?

바로 제휴를 통해 카페의 성장세를 가파르게 키우는 일이다.

그렇다면 제휴는 언제쯤 시작하는 것이 좋은가?

필자의 경험에 의하면 일단 회원 수가 4자리(1,000명)가 되는 시점부터 제휴를 계획하는 것이 좋다. 4자리가 되면서부터 회원이 늘어도 눈에 잘 띄지 않는 시기가 되고, 매니저가 예전처럼 많은 콘텐츠를 올리지 않아도 회원들이 콘텐츠를 생산하기 시작한다. 물론 카페 컨셉에 따라 약간씩 속도와 반응이 다를 수는 있지만, 1,000명 이상의 카페를 직접 세팅해놓을 정도라면 여기서 크게 벗어나지는 않을 것이다.

다만, 매니저가 판단하기에 아직 시기가 적절하지 않다고 생각되면 그 시점을 뒤로 미뤄도 크게 관계는 없다.

회원들의 니즈(needs)를 파악하라.

제휴란 매니저가 혼자서는 채워 줄 수 없는 회원들의 욕구를 다른 카페 및 단체와 협력하여 회원들에게 제공하는 일이다. 필자가 카페 회원 수 1천 명 단계에서 시원스쿨과 제휴 협력을 의논할 때의 이야기를 예로 들어보겠다.

학종이는 입시 교육에 포커스가 맞춰진 카페였기 때문에 교과 학습에 대한 회원들의 니즈를 채워주기에는 매니저 및 멘토들의 교육 전문성이 떨어진다고 판단했다. 그래서 시원스쿨 마케팅 담당자에게 연락하여 카페를 소개하고, 미팅을 통해 협력을 논했는데 그 방향은 다음과 같다.

그 당시 시원스쿨은 영어뿐만 아니라 다양한 언어를 국내 및 해외에 책, DVD, 온라인 강좌 형태로 판매하길 희망했고, 입시라는 영역은 니즈는 있었지만 쉽게 도전하지 못하는 상태였다.

반대로 우리 카페는 앞서 밝힌 대로 교과 중에서도 언어영역을 회원들에게 제공하는 방법을 찾고 있던 상태였다. 그리고 그 당시에는 곧 카페 멘토들의 저서가 출간될 예정이기도 했다.

우리 카페 회원들에게 시원스쿨의 동영상 강좌를 온라인 최저가로 제공하고, 시원스쿨 회원들 중 입시를 준비하는 회원들에게 시원스쿨 동영상 시청 시 직접 저술한 책을 무료로 제공하는 이벤트를 함께 기획하는 등 다양한 협력을 논했던 적이 있다.

이처럼 제휴라는 것은 카페의 규모도 무시할 수는 없겠지만, 협력을 맺는 단체 및 기업 간의 니즈가 맞아떨어져야 한다.

그 누가 회원 수천 명 남짓한 상태에서 대표 교육 기업인 시원스쿨

그림 5-9 당신도 작은 카페 하나로 최고의 기업들과 협력할 수 있다.

과 제휴를 상상이나 할 수 있을까? 이런 감각을 익히는 것이 바로 매니저의 역할이며 최적의 제휴시기를 판단해야 하는 이유이다.

제휴를 맺기로 마음먹은 초보 매니저가 갖추어야 하는 마음가짐이 있다.

그것은 바로 거절을 두려워하지 말라는 것이다.

당신의 카페는 이제 막 회원 수가 수백 수천을 넘긴 신생 카페에 불과하고, 아무도 알아주지 않는다는 사실을 인정하고 들어가자는 이야기다. 그들은 당신에게 아무런 관심이 없고, 당신은 지금부터 마케팅을 통해 협력을 요청하고, 제휴를 맺어야 한다. 바로 영업사원의 자세로 제휴를 진행해야 한다는 말이다.

제휴 마케팅을 진행하다 보면 지겹도록 들을 수 있는 말이 있다.

"제휴를 맺으면 우리에게 무엇이 좋습니까?"

"우리에게 무엇을 해 줄 수 있습니까?"

제휴라는 것은 당신에게도 그렇지만, 상대방에게도 철저히 비즈니스라는 것을 잊어서는 안 된다.

감성적으로 접근하면 단 한 개의 제휴도 맺지 못할 것이다. 이 이야기는 역설적으로 해석하면 단순히 카페 회원 수가 많다고 제휴가 된다는 이야기가 아니라는 뜻이다. 그래서 카페의 컨셉이 매우 중요하고, 그 컨셉을 무기로 삼아야 한다.

제휴란 이벤트 매장을 여는 것과 같다. 협력 업체의 매장에 우리 회원들을 데려다 놓는다. 그리고 협력 업체의 상품을 좋은 조건에 구매할 수 있도록 하는 것이다.

회원들은 필요에 의해 좋은 조건으로 물건을 구매하게 된다. 그 과정에서 매출이 발생하고, 제휴 업체들은 해당 매출에 대한 정산을 통해 서로에게 협력을 한다. 이것이 '협력'의 정체다.

그렇기 때문에 제휴를 맺고자 하는 업체들에게 도움이 될 만한 제안들을 해야 한다.

대부분의 제휴 업체는 '상품'을 가지고 있을 것이다.

그렇다면 우리는 무엇을 가지고 있는가? 바로 회원이다.

상품을 가지고 있는 협력 업체는 해당 상품을 알리거나 팔 고객이 필요하다. 우리는 그 고객을 확보한 상태이기 때문에 고객을 홍보하고 카페를 알려서 협력 업체에게 광고를 한다.

이 과정에서 카페의 연혁, 활동량, 회원 수, 회원 증가 수, 페이지뷰 등 다양한 카페 정보를 협력 업체에 보여줘야 한다.

두 번째 예시는 바로 온라인 컴퓨터 교육 업체와의 제휴이다.

온라인 컴퓨터 교육 사이트와 제휴를 한 적이 있다. 우리 카페에 해당 사이트의 배너를 걸고, 공지를 통해 온라인 최저가로 강좌를 오픈한다. 그리고 결제된 강좌 비용은 6:4로 협력 업체와 카페가 나눠 갖는 조건이었다.

제휴가 맺고 싶다면 우리 카페의 컨셉과 회원들의 성향을 먼저 분석한 뒤, 그들을 필요로 하는 업체나 다른 카페를 조사하도록 하자.

그리고 카페 광고 제안서를 만들어야 한다. 제안서에는 앞서 말한 것처럼 카페의 다양한 정보를 담는다.

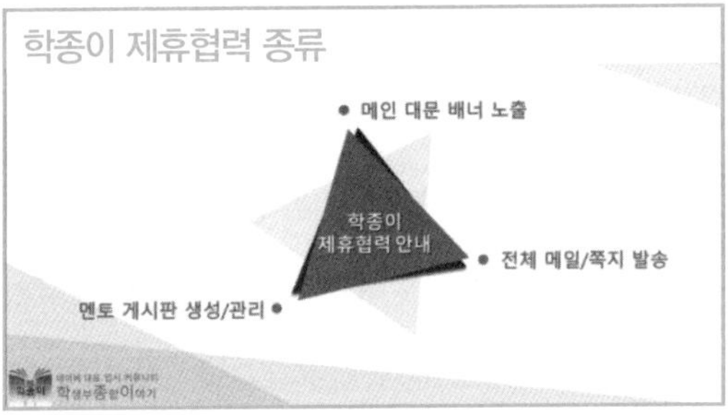

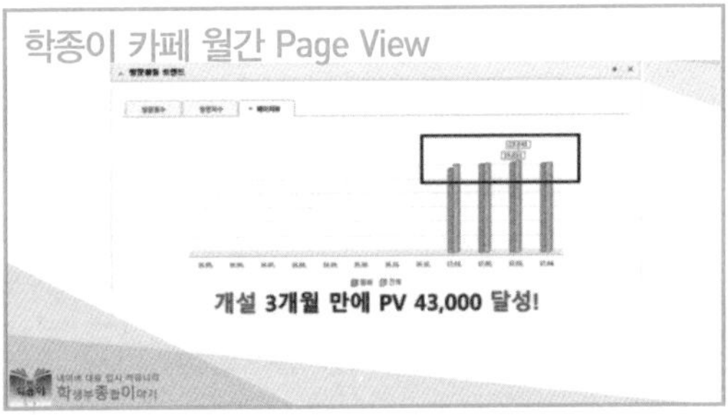

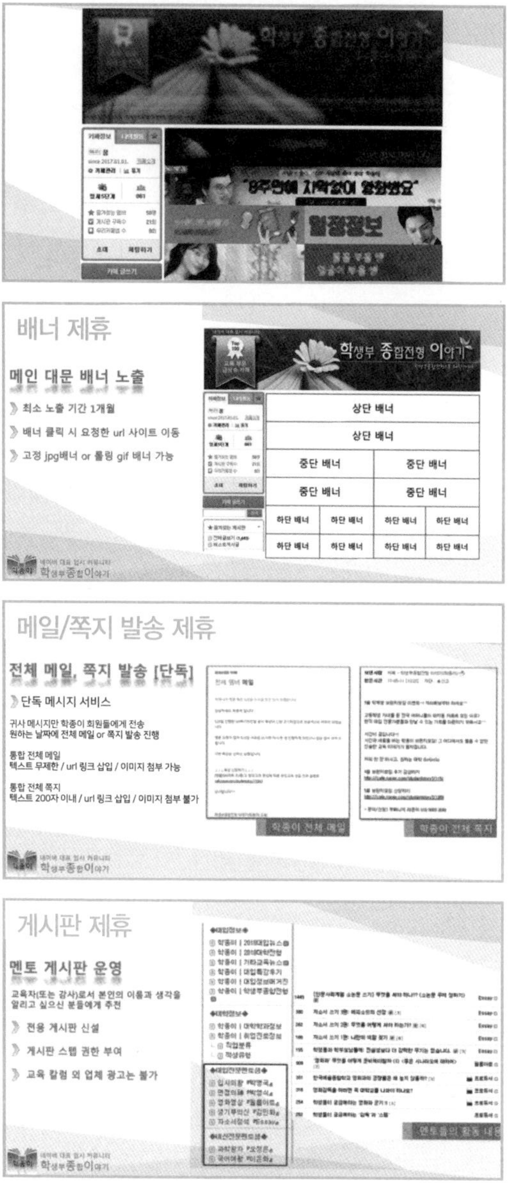

그림 5-10 **학종이 광고 제안서 샘플**

[그림 5-10]은 실제 학종이 카페 제휴협력 광고 제안서의 일부이므로 향후 작성 시 참고하도록 하자.

지금까지 카페 첫 개설부터 회원들이 증가함에 따라 실행할 수 있는 홍보 방법과 실제 사례까지 카페 온라인마케팅의 A to Z까지 살펴보았다.

이 책을 통해 꼭 이루고자 하는 온라인 카페 광고를 성공으로 이끌기 바라지만, 그렇게 되지 못하더라도 카페 개설 후 개인적으로 뜻하는 바들을 이룰 수 있을 것이라고 확신한다.

5-4

기타 SNS 계정을 이용한 네이버 카페 키우기 전략

앞서 언급한 공식적인 카페의 확장 방법으로서는 회원 수를 늘리기에 한계가 있고 너무나 많은 시간이 소요된다는 문제도 내포하고 있는 것이 사실이다. 그래서 어느 정도 카페의 유입수를 늘리기 위한 푸시(Push) 마케팅 전략이 필요한 것이다. 즉, 어느 정도 회원 수가 있는 카페는 더욱 공신력과 신뢰가 있는 것처럼 보여 회원 수가 자연 증가하는 효과를 볼 수 있는 것이다.

이를 심리학에서는 "권위의 법칙(the law of authority)"이라고 한다. 권위의 법칙은 사람들에게 권위가 있는 사람의 말이 더 효력이 강하다는 것을 의미한다. 또한 인정된 권위자로부터의 메시지는 주어진 상황에서 어떻게 행동할 것인가를 순간적으로 쉽게 결정하게 하기도 한다.

물론, 매크로 프로그램이나 자동 댓글 기능 등 자동 유입을 통하여 카페 회원을 일시적으로 증가시킬 수 있으나, 이런 꼼수는 오래 가지 못하고 진정성 있는 회원을 확보하기엔 문제가 있어 바람직하지 못한 마케팅 방법이다.

그러면 공식적으로 충성심 강한 회원 수를 확보하는 카페 유입 방법에 대해서 생각해 보자.

요즘은 SNS 천국이고, 모든 비즈니스 관계가 각종 SNS 채널을 통해 자동으로 생성, 소멸하는 디지털 비즈니스 만능의 시대이다.

그러므로 카페 회원 수 증가를 위한 최적의 방법은 눈 채널을 통한 자동 유입 및 눈 광고를 통한 카페 회원 Push 유입 전략이다. 빠른 시

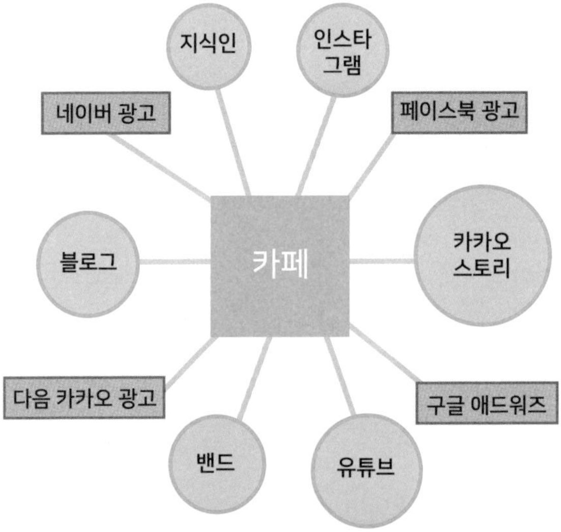

그림 5-11 One Cafe - Multi 플랫폼 Push 전략

간 내에 효율적으로 카페 회원 수를 늘리려면 이러한 One cafe – Multi 플랫폼 영업 전략을 구성해야 한다.

즉, [그림 5-11]과 같이 카페에서 하나의 콘텐츠를 생산하여 다중 SNS 채널을 통해서 자동 유입 및 Push 유입을 통해 방문을 유도하여 핵심 고객을 확보해야 한다는 것이다.

1. 하루 5,000원으로 효과를 볼 수 있는 페이스북 게시글 광고

페이스북을 모르거나 한 번 이상 사용해 보지 않은 사람은 거의 없을 것이다. 그렇다면 과연 이런 페이스북의 정체성은 무엇일까? 페이스북(Facebook)은 SNS일까, BNS일까? 이렇게 질문하면 대부분의 사람들은 SNS, 즉 소셜 네트워크라고 대답한다. 마크 주커버그의 일화를 담은 영화 '소셜네트워크' 때문이다.

페이스북은 전 세계 경제 활동인구의 절반이 사용하는 세계 최대이자 가장 성공한 SNS이다. 페이스북을 단지 셀카를 올리고 자랑하는 도구로만 바라본다면 아주 큰 실수를 하고 있는 것이다.

페이스북은 거대한 구조물 속에서 작동하는 마케팅 시스템이다. 이것을 이해하고 활용할 줄 안다면 더욱 풍성한 페이스북 마케팅 세계에 들어갈 수 있을 것이다. 특히 카페 회원 수 Push 마케팅에 있어 절대적으로 효과를 발휘할 수 있다.

페이스북의 광고 종류는 크게 인지도, 관심 유도, 전환 카테고리로 분류되며, 브랜드 인지도, 도달, 트래픽, 참여, 앱 설치, 동영상 조회, 잠재 고객 확보, 메시지, 전환, 카탈로그 판매, 매장 방문이 있다. 그 중에서도 페이스북의 참여 광고는 게시물 참여, 페이지 좋아요, 이벤트 응답 또는 쿠폰 발급을 늘리는 광고를 말하며 카페에서 작성한 게시글을 통하여 페이스북 페이지 참여 광고를 진행하며 게시글을 무한대로 퍼져나가게 할 수 있다.

물론, 무한대로 퍼져나가는 데는 그만한 비용이 드는 것도 사실이다. 그렇지만 하루에 5,000원의 저렴한 비용으로도 효과적으로 원하는 타겟층에 카페에서 작성한 게시글을 전달하여 링크를 걸어 카페 유입으로 Push 할 수 있는 것이다.

특히, 페이스북 광고의 이점은 이렇게 진행함에 있어서 원하는 성별, 원하는 연령, 원하는 관심사, 원하는 상세 직업별 또는 지역별로 세밀하게 타겟팅하여 핀셋으로 뽑은 타겟팅으로 자신의 게시물을 전달할 수 있다는 것이다.

더군다나 원하는 시간에 이러한 게시물을 효과적으로 상대방의 페이스북 피드에 노출시킬 수 있다. 해당 카페 게시글이 타겟팅의 궁합에 맞으면 광고에 진행한 도달 회원 수 이상으로 도달하는 효과를 누리기도 한다. 이것을 유기적 도달이라고 한다. 즉, 광고의 힘이 아닌 콘텐츠가 좋아 자동적으로 퍼져나가는 액션을 의미한다.

이렇게 게시글이 자동적으로 퍼져나간다면 하루에 5,000원의 광고비를 집행하더라도 한 달이면 관심이 있는 타겟팅 수십만 명에게도 자신의 게시글을 노출시킬 수 있는 것이며, 또한 카페로 유입시킬 수 있는 것이다. 이렇게 될 경우 가성비는 가히 핵폭탄급이라고 할 수 있다.

다음은 이러한 페이스북 관심사를 핀셋 타겟하는 설명이다.

[그림 5-12]는 가령 요리 관련 카페를 개설했다고 했을 시 게시글 확산을 위한 페이스북 참여 광고의 타겟팅 방법이다. 연령을 21세부터

그림 5-12

41세까지 타겟팅하고 요리, 일본 요리, 중화 요리 등 관심사를 집어넣는다. 그리고 아무래도 요리에 관심 있는 사람은 여성이 많을 테니 여성을 집중 대상으로 핀셋 타겟팅한 예이다.

그러면 해당 타겟팅에 게시글이 노출될 것이고, 게시글이 단순 홍보성이 아닌 정보성 게시글로 작성되면 좋아요, 댓글, 공유를 통하여 페이스북에서 관련인들에게 2차, 3차로 무한 확산될 것이다. 이렇게 될 때 아주 소량의 광고비(하루 5,000원)를 통해서도 그 광고 효과는 10배, 100배 이상으로 볼 수 있는 경우가 되는 것이다.

이러한 페이스북 참여형 게시글 광고는 카페 개설 초기 단계에 광고를 관심 있는 사람에게 노출시켜 초기 우호군을 확보하는 데 가장 유효한 무기로 쓸 수 있다.

2. 모바일족을 잡는 카카오 광고

카카오(Kakao)는 다양한 서비스를 통해 이용자들의 일상을 연결한다. 4천만 명에 육박하는 카카오 이용자들을 위해 카카오는 다양한 서비스를 개발, 제공하고 있는데, 가장 많이 사용되는 카카오톡부터 카카오채널, 카카오스토리, 카카오페이지, 다음 등의 SNS와 카카오 게임, 멜론, 카카오 택시까지 다양한 콘텐츠를 이용해 편리한 생활을 가능하게 해 준다. 카카오는 이러한 서비스들을 통해 사용자들의 활동 로그

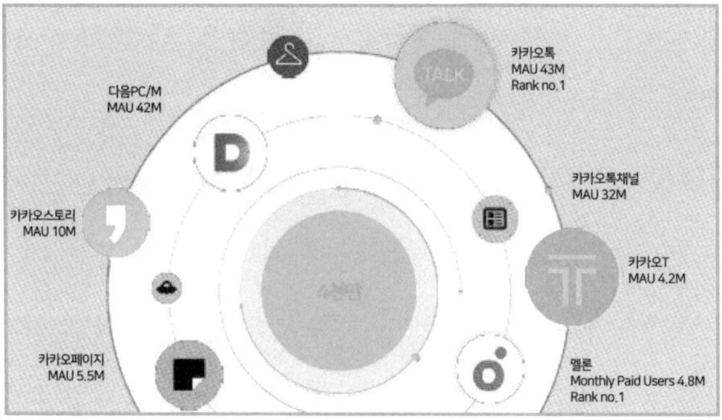

그림 5-13

를 모으고, 이것을 분석해 광고 전송에 활용하고 있다.

카카오는 광고 알고리즘을 지속적으로 개선하며 적합한 대상을 타겟팅해 광고를 전달한다. 페이스북과 마찬가지로 광고 타겟의 시간, 장소, 활동 등 맥락에 맞는 광고를 전달하기 때문에 광고자와 타겟 양측 모두 이익을 극대화할 수 있다.

카카오는 모바일부터 PC 지면까지 이용자가 있는 모든 곳에 광고를 노출할 수 있으며, 광고는 카카오 서비스를 비롯한 주요 네트워크 지면에 노출된다. 노출 지면은 지속하여 확대될 예정이라고 하니 앞으로는 더 넓은 지면에 광고를 노출할 수 있을 것이다.

카카오 광고는 동영상형, 일반 이미지형, 플친 메시지형, 네이티브형, 전면 이미지형 형태의 광고를 지원하며, 이를 통해 다양한 브랜딩의 크리에이티브를 주목도 높게 전달할 수 있다. 이러한 카카오 광고는 카페가 어느 정도 성숙 단계에 이르렀을 때 효과를 발휘할 수 있다.

앞서 설명한 것처럼 페이스북 게시글 광고를 통하여 초기에 관심 있는 회원을 가입시킨 후, 그 여세를 몰아 카페가 성숙 단계에 접어들면 카카오에 플러스 친구 메시지형 광고를 통하여 심도 있게 타겟 고객에게 메시지를 노출시킬 수 있다. 일반 이미지형 광고를 통하여 해당 카페에 직접 회원을 유입시킬 수 있는 광고 활용에도 가능하다.

주의할 점은 어느 정도 회원이 있어야지만 이런 광고의 효과를 볼 수 있다는 것이다. 카페 초기 단계에 광고를 노출한다면 휑한 카페에 유입된 사람들이 단순히 카페를 둘러보기만 하고 별 반응 없이 나가는 결과를 초래할 수도 있을 것이다. 그래서 회원이 적고 휑한 카페는 페이스북 게시글 광고가 유효한 것이다. 그 때문에 어느 정도 게시글이 올라오고 북적북적한 상태에서 카카오 광고를 진행하는 것이 효과적이다.

3. 핵심 타겟 회원을 확보하는 구글 애드워즈 광고

구글 애드워즈는 구글의 온라인 광고 플랫폼으로 구글 검색 엔진, 유튜브(YouTube), 블로그, 웹사이트 등에 광고를 노출시킬 수 있다. 한국에서는 네이버가 대부분의 광고 시장을 점유하고 있지만, 구글은 전

세계 광고 시장을 점유하고 있는 거대 기업이므로 구글 애드워즈를 진행하는 것 또한 효과적인 회원 확보 방법이 될 수 있다. 또한 시간에 구애받지 않고 전화 지원 상담(080-230-2002)을 받을 수 있기 때문에 더욱 편리하다.

구글 애드워즈 또한 페이스북과 카카오와 마찬가지로 광고 타겟팅 서비스를 제공한다. 문맥, 게재 위치, 콘텐츠, 사이트나 도메인, 사용자, 관심분야를 설정해 광고를 타겟팅할 대상을 좁힐 수 있다. 또한 구글 애드워즈는 '리타겟팅'이라는 서비스를 제공하는데, 리타겟팅이란 내 웹사이트에 방문했던 사람에게 광고를 게재하는 것을 말한다.

구글 애드워즈는 텍스트 기반 검색, 그래픽 디스플레이, YouTube 동영상, 인앱 모바일 형태의 광고를 게재할 수 있다.

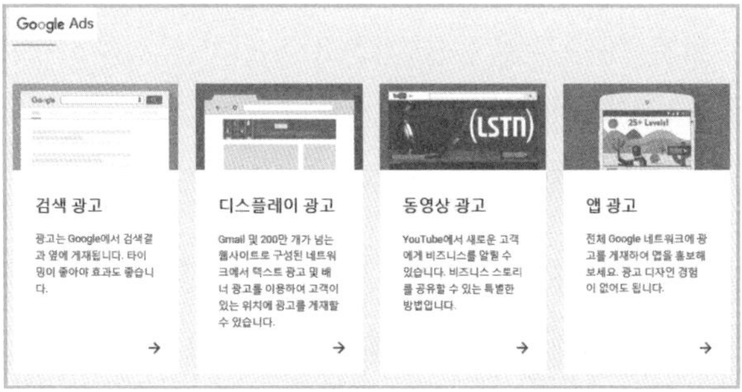

그림 5-14

먼저 텍스트 기반 검색 광고는 PC, 태블릿, 스마트폰에서 사용자가 구글에 입력한 단어가 키워드와 일치하면 광고가 검색결과 상단에 게재되는 광고로, 광고를 만들고 타겟 키워드를 선택한 뒤 광고 예산을 설정하면 완료된다. 구글에서 매일 일어나는 수백만 건의 검색을 활용해 광고를 노출시킨다면 타겟이 카페를 인식하고 액션을 수행하도록 유도할 수 있을 것이다.

그래픽 디스플레이 광고는 텍스트, 배너, Gmail, 앱 형식을 통해 게시할 수 있으며, 형식을 선택해 광고를 만든 뒤 광고 게재 위치와 예산을 설정하면 완료된다. 구글 디스플레이 네트워크는 수백만 개의 웹사이트, 뉴스 사이트, 블로그, Gmail, YouTube 등의 웹사이트를 통해 인터넷 사용자의 90%에게 도달할 수 있어 핵심 타겟 회원을 확보할 수 있는 유용한 방법이다.

동영상 광고는 YouTube 타겟팅을 통해 진행할 수 있다. 광고를 게재한 뒤 타겟과 예산을 설정하면 완료된다. YouTube 사용자 중에서 연령, 성별, 위치, 관심분야 등을 기준으로 원하는 잠재고객을 선택해 광고를 진행할 수 있다.

이러한 구글 애드워즈 광고는 카페가 초기 단계, 성숙 단계를 넘어 그리고 완성 단계에 이르렀을 때 효과적인 광고 툴이 될 수 있다. 카페가 완성되면 게시글도 활성화되고, 어느 정도 회원 수도 확보한 상태이기 때문에 그 이후로는 진정한 참여 및 비즈니스 목적을 충족시킬 수 있는 핵심 회원 확보를 통해 카페의 몸집을 키우는 전략이 필요하다.

이때 구글 그래픽 디스플레이 광고를 진행하면서 관심분야 텍스트 기반 검색에 옵션을 주면 해당 카페 분야에 관심을 갖고 있는 가망 고객을 카페에 유입시키는 데 도움이 될 것이다.

구글 애드워즈의 가장 큰 장점은 YouTube 동영상을 확산할 수 있는 시스템이다. 본인이 운영하는 카페의 콘텐츠가 동영상으로 만들기에 적합하다고 판단된 경우, 콘텐츠를 동영상으로 만든 뒤 해당 동영상을 YouTube 동영상 광고를 통하여 확산시킨다면 카페의 핵심 회원을 유입하는 데 많은 도움이 될 것이다. 즉, 구글 애드워즈 광고는 카페의 완성 단계에 활용하면 카페의 몸집을 키우기에 최적의 광고 툴인 것이다.

하루 만에 끝내는 ONE-DAY 특강 커리큘럼

<table>
<tr><td>교육 목적</td><td colspan="3">- 불필요한 과정을 생략하고, 개념과 실습을 통한 카페 비즈니스 첫 걸음 실행
- 언제 어디서나 손쉽게 스마트 폰으로 카페를 관리할 수 있는 카페 관리 방법 전달
- 디지털노마드로서 성공, 실패 경험을 나누고 미래를 준비하는 디지털노마더들에게 꿈과 희망 전달
- 바쁜 직장인들에게 ONE-DAY 강의를 통해 디지털노마드가 되기 위한 동기부여 전달</td></tr>
<tr><td>교육 대상</td><td colspan="3">- 영업사원, 소상공인, 기업의 온라인 마케팅 담당자, 주부, 학생, 강사 등</td></tr>
<tr><td>교육 특징</td><td colspan="3">- 교육 이후에도 저자와 커뮤니티 형성 후 질의응답 가능(SNS)
- 네이버 카페 기획부터 개설까지 개념 정리와 빠른 실습 병행</td></tr>
<tr><td rowspan="2">학습 FLOW</td><td>개념 및 이론 전달</td><td>카페 컨셉 기획</td><td>카페 개설과
기본 마케팅 방법 전달</td></tr>
<tr><td>온라인 카페 비즈니스의
기본 개념과 비전</td><td>책의 기획안에 맞춰
아이디어 브레인스토밍,
기획서 작성</td><td>기획안에 맞게 카페 개설
초기 카페 마케팅 실습과
운영 주의점 전달</td></tr>
<tr><td>교육 방법</td><td colspan="3">- 1:1 또는 그룹 강의
- 온라인 활동을 몸에 익히도록 실습 위주의 강의
- 기획에 맞는 카페 개설 후 회원 모집까지 실습</td></tr>
</table>

온라인 카페 비즈니스 성공 관리. 저자가 컨설팅해 주는 1:1 맞춤 프로그램

<table>
<tr><td>교육 목적</td><td colspan="3">- 디지털노마더로 성공하고 싶은 일반인에게 저자의 1:1관리를 통한 성공 비즈니스 관리
- 개념, 기획, 개설, 운영, 관리, 비즈니스 주의점까지 중 · 장기 컨설팅을 통한 체계적 맞춤형 교육
- 온라인 카페 비즈니스를 성공시키고자 하는 기업체 카페 관리</td></tr>
<tr><td>교육 대상</td><td colspan="3">- 영업사원, 소상공인, 기업의 온라인 마케팅 담당자, 주부, 학생, 강사 등</td></tr>
<tr><td>교육 특징</td><td colspan="3">- 6개월 이상 저자에게 컨설팅을 통해 관리받을 수 있음
- 네이버 카페 기획부터 개설, 목표, 달성까지 저자가 직접 1:1로 컨설팅하며 성공적인 연착륙 가능</td></tr>
<tr><td rowspan="2">학습 FLOW</td><td>카페 컨셉 기획</td><td>개월별 목표치
제공 및 관리</td><td>카페 목표에 맞는
마케팅 진행</td></tr>
<tr><td>책의 기획안에 맞춰
아이디어 브레인스토밍,
기획서 작성</td><td>월별 목표 회원과
유치 방법 노하우
컨설팅 진행</td><td>목표에 따른 마케팅,
제휴 집행과 단계별 성공
컨설팅 진행</td></tr>
<tr><td>교육 방법</td><td colspan="3">- 1:1로 진행. 기업체의 경우 운영을 대행하거나 마케팅 담당자에게 장기 컨설팅 진행
- 단계별 목표에 맞는 실행 플랜 제공
- 일정 단계 후 비즈니스를 성공시킬 수 있는 방법 제안 및 맞춤형 관리</td></tr>
</table>

비즈니스 온라인 카페 플랫폼을 성공적으로 구축하는 방법을 자문하고, 관련 강의 커리큘럼을 공개하니 개인적으로 궁금한 내용들이나 책 내용 중 설명이 필요한 부분이 있다면 ppys84@naver.com로 문의바랍니다.